بالحنين وز

المملكة الأردنية الهاشمية
رقم الإيداع لدى دائرة المكتبة الوطنية
(2023/10/5374)

819.9

بالحنين وز/ صبيح، حسام جميل. عمان: جفرا ناشرون وموزعون

2023

ر.إ.: 2023/10/5374

جفرا ناشرون وموزعون

عمان - الاردن

تلفون : 00962781332881 - مراد سارة

ايميل : muradsarah01@gmail.com

بالحنين وز

لـ

حسام حمدان

الإهداء

أهدي هذا الكتاب إلى كل حنون يحن لذكرياته بحياته مع

نفسه وأهله واصدقائه وأحبائه وتراث وطنه. كلنا بالحنين

بشر، نحب الهدوء والسلام وليالي السمر.

حسام حمدان

كفرراعي بوسطن

٢٠٢٢/١٠/٩

مقدمة

أعود بأفكاري لزماننا، وأفتش بين ثنايا الضحكات عن سعادتنا، وتأخذني الأحاسيس إلى أحلامنا، وأرى الثواني تمضي من أمامنا، ولا تزال نفس المشاعر فينا، ودفاترنا ما زالت مملوءة برسم طفولتنا، ومقاعدنا ما زالت تحوي دفء حكاياتنا. لم يعد النسيان ممكناً، فالذكريات ما زالت مكدسة. ذكريات حفرناها داخل أعماقنا، وصور حفظناها في عيوننا، حنين عظيم حبسناه داخلنا، والأشواق باتت واضحة

بكلماتنا، والحب لا يمكن أن نخفيه فينا. لا يستطيع إنسانٌ أو قوةٌ في الوجود أن تمحو الذكريات تماماً.

يا لافتات قطارات الشتات قفي، أحصِ المحطات، كم صرنا بعيدينا في الذكريات عزفنا الأغنيات معاً، هل خاننا اللحن أم خنا أغانينا؟ لقد محا الحنين كالعادة الذكريات السيئة، وضخم الطيبة. كم نحتاج لتلك الذكريات حينما تأتي من بعيد، بعد وقتٍ طويلٍ من يذكرنا بها، ويسترجعها معنا ومن يرمز إليها، ومن يقول لنا اطمئن فلست وحدك الباقي على الود، ولست وحدك من يتذكر اللحظات الجميلة، والمواقف

الجميلة، ويحن إليها، ويتمنى استرجاعها معك.

أحياناً ترفض أشياءَ عظيمةً فاضلةً، على حين تطبع صوراً واضحة لأشياء صغيرةٍ تافهةٍ. تأخذنا الفرحة لنرحل مع أرواحهم بالحب، وجنة اللقاء، فاحتلوا القلب، فكان الحب من أسمى عطاياهم، والتسامح والرقة، من أجل أرواح احتضنتهم بالحب، فشاركونا أحزانًا وأفراحاً، ودمعات وبسمات، كم قضينا تلك الأحاسيس معاً نتفق، ونختلف، نتحادث ونبكي، نُزين الشوق بأرق مشاعرنا، حتى تأتي تلك الغيمة السوداء لتمطرنا سحابة الفراق، كأن الزمان ضاق بنا ويود

التخلُّص منا، يأتينا ذلك الشبح المخيف، الذي يحمل اسماً دائماً كنت أخشاه أنّه شبح الرحيل، يأتينا فجأة لينزع روحاً استوطنت فينا ليذيقنا الألم والآه، تاركاً لنا مساحة من الذكرى الدامعة، فيلبس الكون السواد ويعلن الإحساس الحداد. لا تندم على حب عشته، حتى لو صارت ذكرى تؤلمك، فإن كانت الزهور قد جفت وضاع عبيرها، ولم تبق منها غير الأشواك، فلا تنس أنها منحتك عطراً جميلاً أسعدك. نحن نحزن على الذكريات السيّئة لأنّها تعيسة، وعلى الذكريات الجميلة لأنّها رحلت دون عودة. قد تأخذنا الظروف

بعيداً، وإلى حيث لا نعلم، وتشغلنا زحمة الحياة، وكل

منا يبحث فيها عن الاستقرار والطمأنينة، ولكن رغم

هذا وذاك تبقى لكم ذكرى طيبةٌ في النفس، وتبقى

الأرواح متعلقة ببعضها. الذكريات مفتاح المستقبل،

أعود بأفكاري لزماننا، وأفتش بين ثنايا الضحكات

عن سعادتنا، وتأخذني الأحاسيس إلى أحلامنا، وأرى

الثواني تمضي من أمامنا، ولا تزال نفس المشاعر فينا،

ودفاترنا ما زالت مملوءة برسم طفولتنا، ومقاعدنا ما

زالت تحوي دفء حكاياتنا. لم يعد النسيان ممكناً.

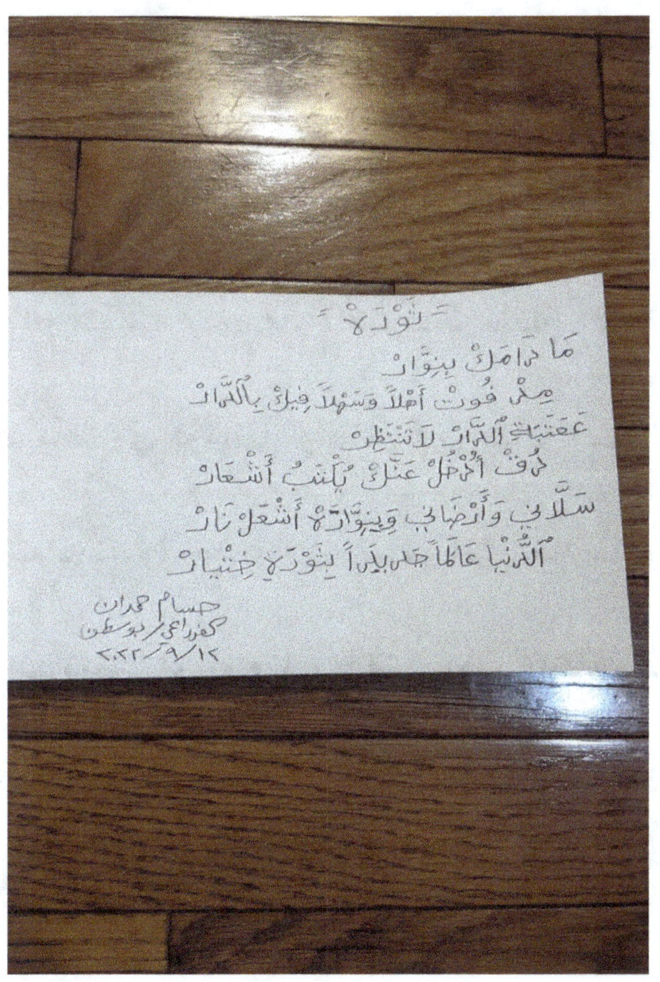
ثَوْرَة
ما دامَكَ بِنوان
مِن فوت أهلاً وسهلاً فيك بالكان
عقبت الدار لا تنظر
حق أنزل عنك يلنب أشعار
سلاب وأنضاب وينوارة أشعل نار
الدنيا عالم جدبلاً يثورة خنيان
حسام حمدان
كفرواحل / بوسطن
٢٠٢٢/٩/١٢

ثَوْرَةٌ

مَا دَامَك بِبِنوَّار

مِذ فُوتْ أَهْلاً وسَهْلاً فيكْ بِالّدَارْ

عَعَتبِة اُلدَّار لاَ تَنْتَظَرْ

دُقْ أُدخُلْ عَنّكْ يُكْتبْ اَشْعَارْ

سَلّأني وَاَرْضَاني وَبِنوَّارَة اشْعَلْ نَارْ

الدُّنيا عَالَماً جَديداً بِثَورَة خْتيارْ

حسام حمدان
كفرراعي/ابوسطن
٢٠٢٢/١٠/٣

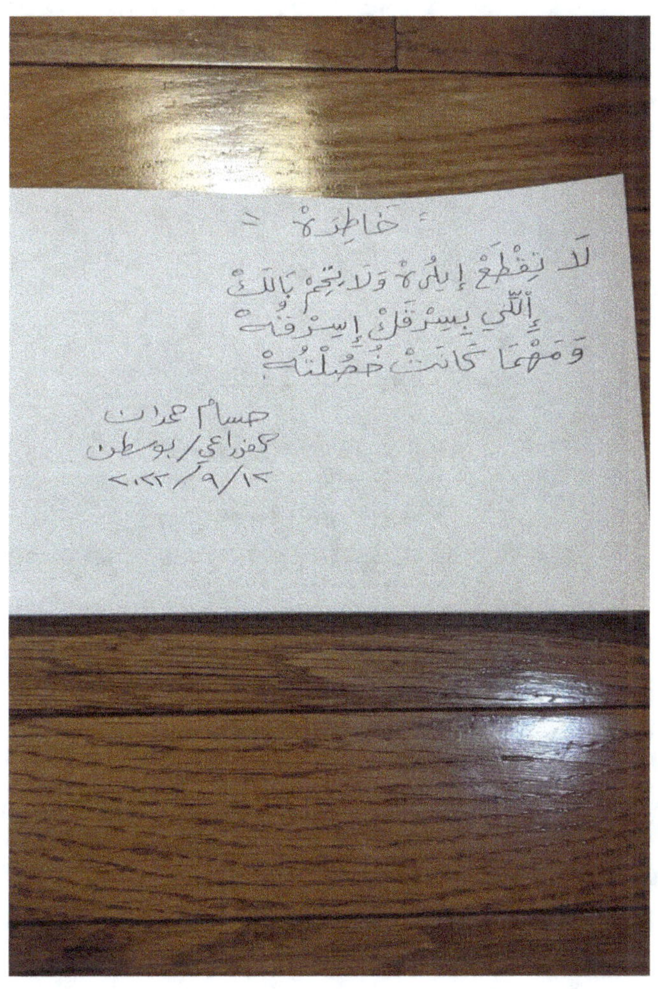
خاطرة

لا تقطع إليه ولا تتهم بالك
إلّي يسرقك إسرقه
ومهما كانت خصلته

حسام حمدان
كفرزاعي / بوسطن
٢٠٢٣ / ٩ / ١٢

في ناس بتظلها تنسرق، زهقت وتعبت من عدم تطبيق قانون العدل.

وصلت مرحله أن تأخذ القانون على عاتقها وتقول:

خاطرة

لَا تِقْطَعْ إِيدُهْ ولَا تِحِمْ بَالَكْ

إِلِّي بِسِرْقَكْ إِسِرْقُهْ

وَمَهْمَا كَانَتْ خُصْلَتُهْ

حسام حمدان
كفرراعي/ابو سطن
٢٠٢٢/١٠/١٠

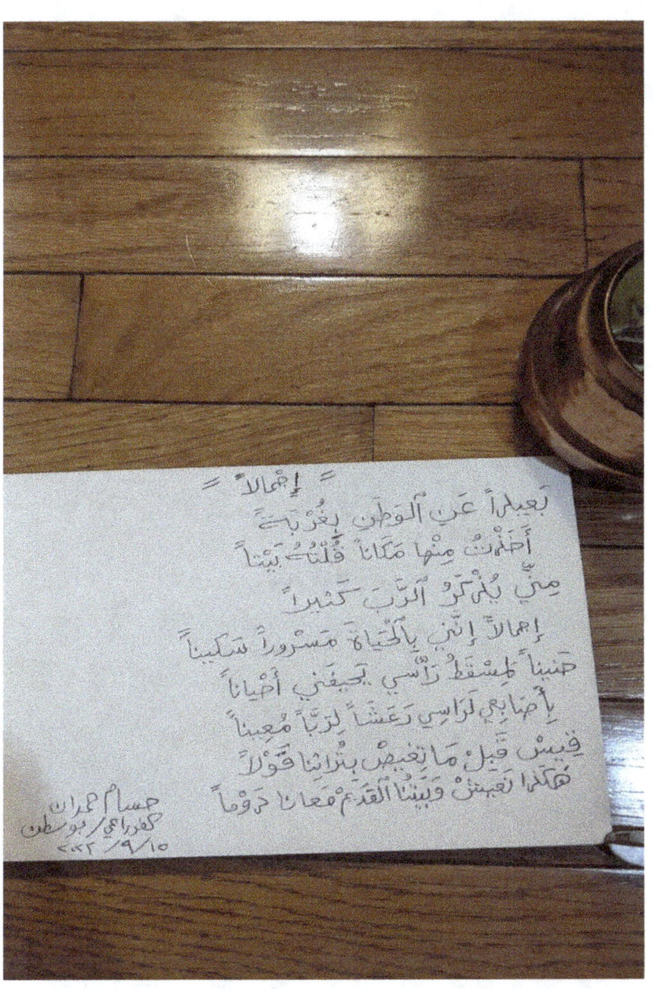
إهمالاً
بعيداً عن الوطن بغربةٍ
أخذتُ منها مكاناً قلتُ بيتاً
مني يُكثرُ الرّبّ كثيراً
إهمالاً إنني بالحياة مسروراً سكيناً
حنيناً لمسقط رأسي يجيبني أحياناً
بأصابعي لرأسي رعشاً لربّاً معيناً
فنعيش قبل ما نغيض بتراثنا قولاً
هكذا نعيش وبيننا القدم معاً دروماً
حسام عمران
كفر راعي / بوسطن
9/10

إِجْمالاً

بَعيداً عَنِ الْوَطَنِ بِغُرْبَة

أَخَذْتَ مِنْها مَكاناً قُلْتَهُ بَيْتاً

مِنيَّ يُذْكَرُ الرَّبَّ كَثيراً

إِجْمالاً أَنَّني بِالْحياه مَسْرورَ سَكيناً

حَنيناً لِمَسْقَطِ رَأسي يَحفَيني أَحْياناً

بِاصابِعي لِرَأسي رَعَشاً لِرَبّاً مُعيناً

قِيسْ قَبلْ مَا تِغيصْ بِتُراثِنا قَوْلاً

هَكَذا نَعَيشْ وَبَيتُنا الْقَديمْ مَعانا دَوْماً

حسام حمدان
كفرراعي / ابو سطن
٢٠٢٢/١٠/١٠

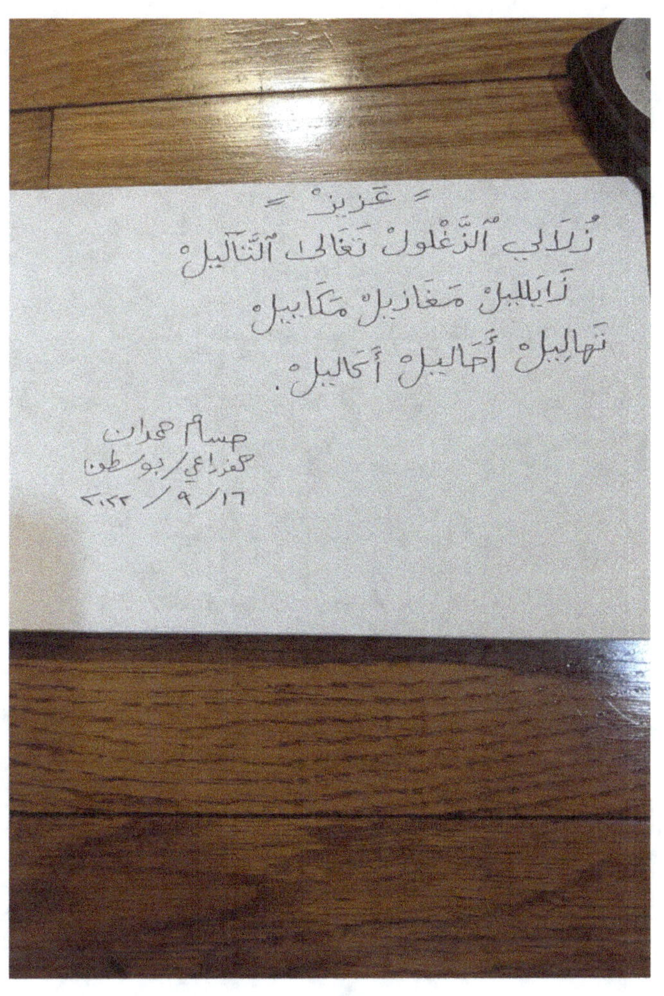
عَزِيزْ
نَلَالِي الزَّغْلُولْ نَغَالِك النَّآلِيلْ
نَايِلِلِيلْ مَغَازِيلْ مَكَابِيلْ
نَهَالِيلْ أَحَالِيلْ أَكَالِيلْ.
حسام حوران
كفرزاعي / بوسطن
٢٠٢٣ / ٩ / ١٦

عَزِيزَه

زُلَالي اُلزَّغْلوُلْ تَغَالى اُلتَّاليلْ

زَايَلليلْ مَغَازيلْ مَكَابيلْ

تَهاليلْ اَحَاليلْ اكَاليلْ

تمايل رفرف حمام زجاليل

حسام حمدان
كفرراعي/ابوسطن
٢٠٢٢/١٠/١٠

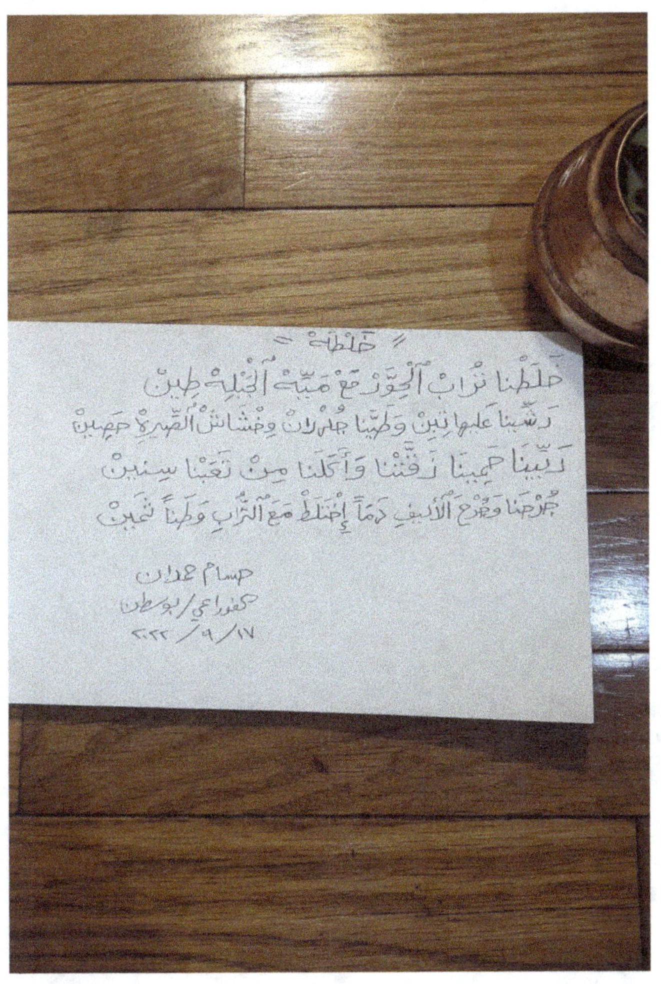
« خلطة »
خلطنا تراب الحقول مع ميّة الخيلة طين
رششنا عليها تبن وطينا جدران وفشاش القصيرة حصين
تعبنا حبينا نفشنا وأكلنا من تعبنا سنين
جرّحنا وفرح الأذى دمًا إختلط مع التراب وطنا نعبن

حسام عدنان
دكتوراه / بوطن
2022 / 9 / 17

خَلْطَه

خَلَطْنا تُرابْ الْحوّرْ مَعْ مَيَّهْ الْجَبْلهْ طِينْ

رَشّينا عَليها تِبْنِ وطيّنا جُدْران وخْشاشْ الْصّيرهْ حَصينْ

رَبّينَا حَمينَا زَقّتْنا واكلْنا مِنْ تَعَبْنا سِنينْ

جُرْحَنا وَجُرْحْ الْأَليفِ دَماً إخْتَلَطْ مَعَ الْتُّراب وَطَناً ثَمينْ

حسام حمدان
كفر راعي/ابو سطن
٢٠٢٢/١٠/١٠

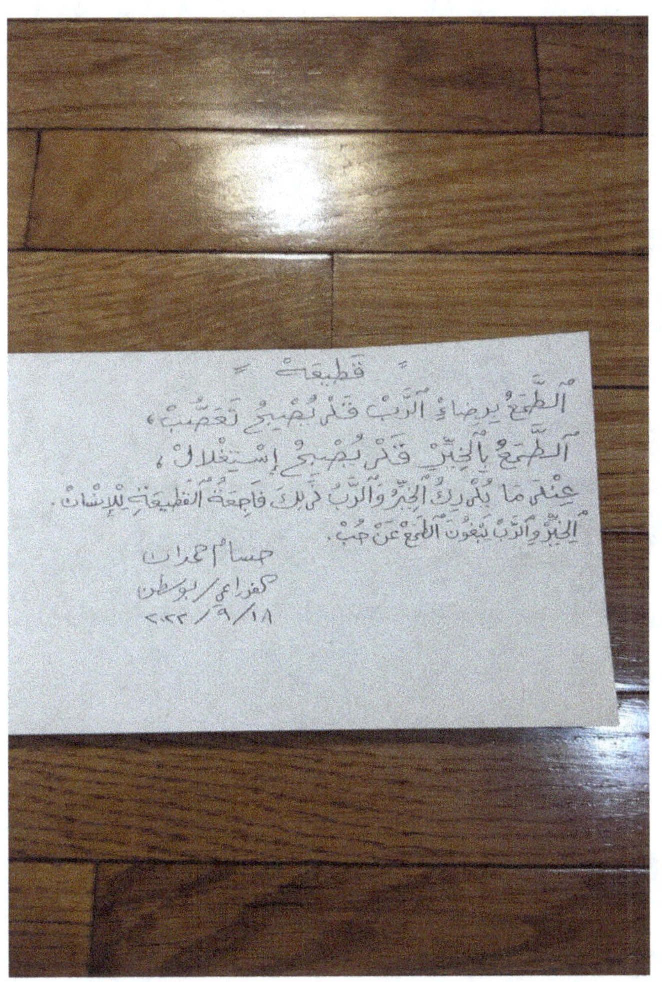

= قطيعة =
الطمع برضاء الرب قد يصبح تعصب،
الطمع بالخير قد يصبح استغلال،
عنى ما يكدرك الخير والرب في ذلك فاجعة القطيعة للإنسان.
الخير والرب يبغون الطمع عن حب.

حسام أحمدات
كفرامي / بوطن
٢٠٢٣ / ٩ / ١٨

قَطِيعَة

الْطَمَعُ بِرِضاءِ الْرَبِّ قَدْ يُصْبِحُ تَعَصُّبْ

الْطَمَعُ بِالْخَيرِ قَدْ يُصْبِحُ اسْتِغْلالْ

عِنْدَمَا يُدْرِكُ الْخَيْرُ والْرَبُّ ذَلِكَ

فَاَجِعَةُ الْقَطِيعَة لْلإنْسانْ

الْخَيْرُ والْرَبُّ يَبْغُونَ الْطَمعْ عَنْ حُبْ

حسام حمدان
كفر راعي/ بوسطن
٢٠٢٢/٩/١٨

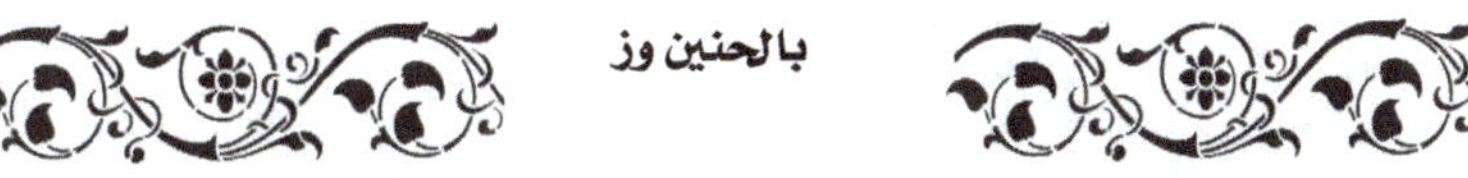

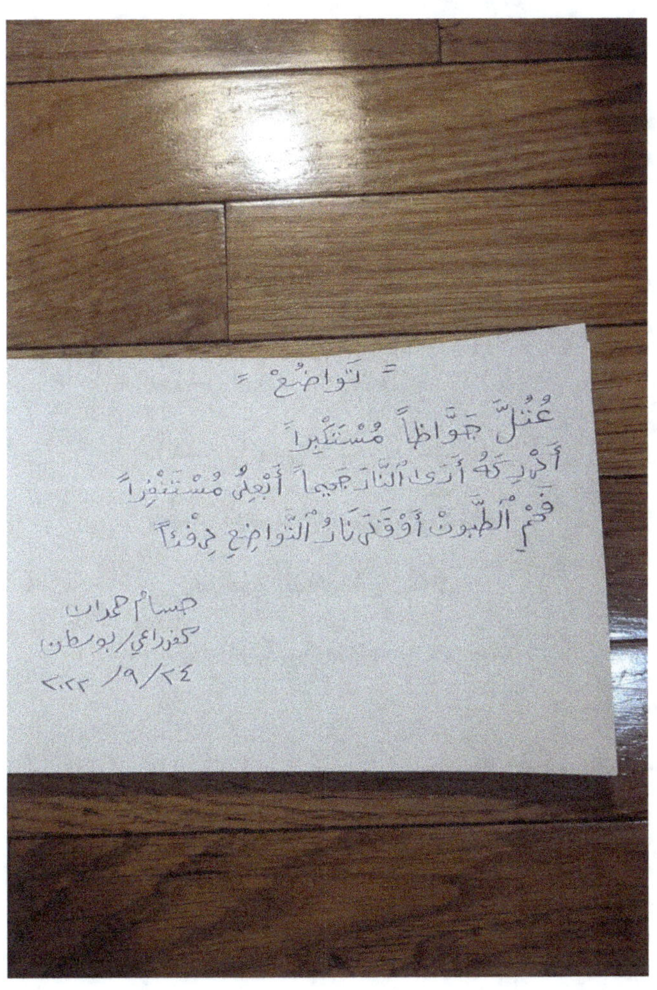
= تَوَاضُع =

عُنُقٌ مُحَوَّظاً مُسْتَكْبِراً
أُذَكِّرُهُ أَرَى النَّاسَ جَميعاً أَبعى مُسْتَنفِراً
فهم الطيور أَوقَّى نارُ النَّوارِج حرفاً

حسام حمدان
كفرامي/بوطان
٢٤/١٩ ٢٠٢٣

تَوَاضُعْ

عُتُلٌّ جَوَّاظاً مُسْتَكْبِراً

أَدْرَكَهُ أَرَى النَّار جَحيماً أَبعْدُ مُسْتَنفْراً

فَحْمِ الطّبونْ أَوْقَد نَارُ التَّواضِعِ دِفْئاً

حسام حمدان
كفر راعي/ابوسطن
٢٠٢٢/٩/٢٤

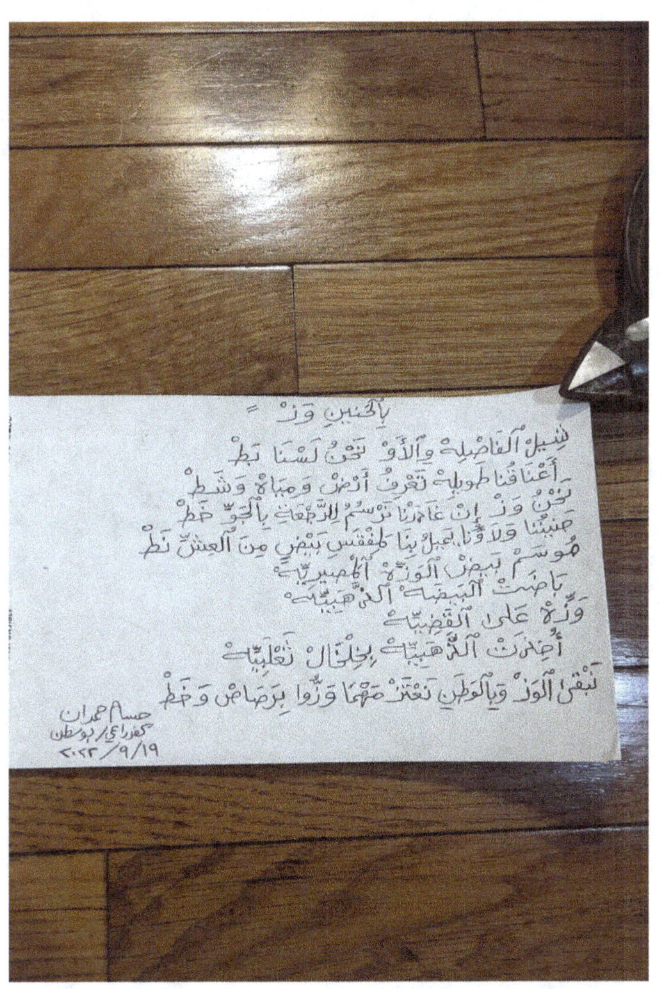

بالحنين وز =
نسيل الفصيلة والأوز نحن لسنا بط
أعناقنا طويلة تعرف أرض ومياه وشط
نحن وز إن غامرنا نرسم للرجعة بالجو خط
جنبنا ولا نميل بنا لنفس بيض من العش نط
موسم بيض الوز الأميرية
باضت البيضة الذهبية
وز على القضبية
أحضنت الذهبية بخلخال تغلبية
نبقى الوز وبالوطن نعتز صهما ورّوا برصاص وخط
حسام حمران
كفرا ي/ بوطن
٢٠٢٣/٩/١٩

بِالْحَنِين وَز

شِيلْ اَلْفَاصِلهْ وِالْأَوْ نَحْنُ لَسْنَا بَطْ

أَعْنَاقُنَا طَوِيلهْ تَعْرِفُ أَرْضٍ وَمِيَاهْ وَشَطْ

نَحْنُ وَزٍ إِنْ غَادَرْنَا نَرْسُمُ لِلرَّجْعَة بِالْجِوّ خَطْ

حَنِينُنَا وَلاؤُنَا يَمِيلُ بِنَا لِمَفْقَس بَيْضٍ مِنَ اَلْعِشّ نَطْ

مُوسَمْ بَيْضِ اَلْوَزَّةْ اَلْمَصِيرِيّهْ

بَاضَتْ اَلْبَيْضَهْ اَلذَّهَبِيّهْ

وَزُّهْ عَلى اَلْقَضِيّهْ

أَخَذَتْ اَلذَّهَبِيّهْ بِخِلْخَالْ ثَعْلَبِيّهْ

نَبْقى اَلْوَزْ وَبِالْوَطَن نَعْتَزّ مَهْمَا وَزُّوا بِرَصَاصٍ وَخَطْ

حسام حمدان
كفرراعي / بوسطن
٢٠٢٢/٩/١٩

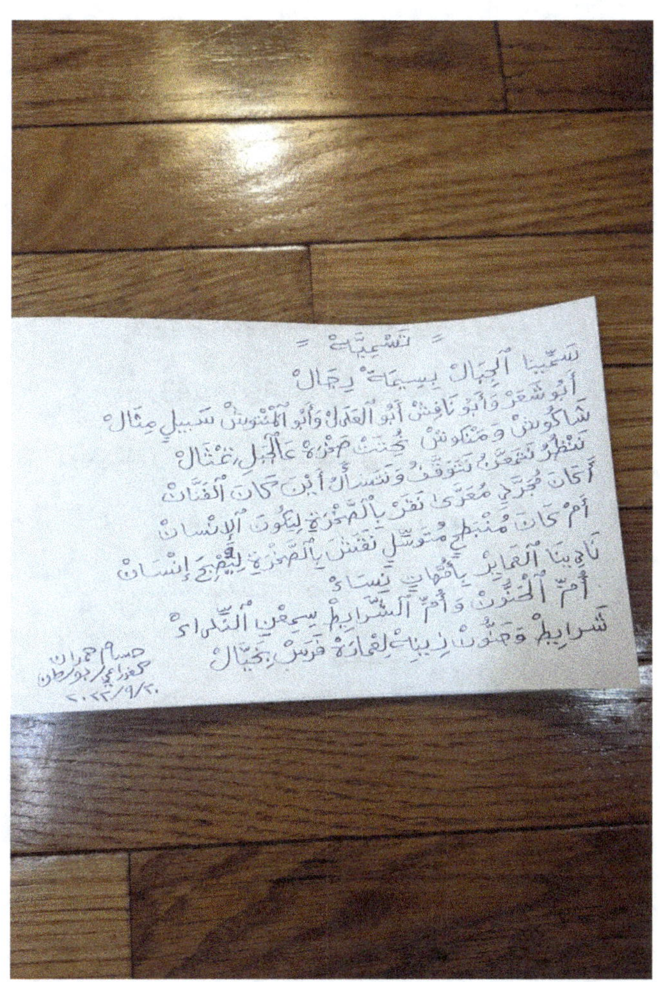

= تشعيبة =
أبو شعر وأبو نافش أبو العدل وأبو المثنوش سبيل مثال
شاكوش ومنكوش تحتش صخره عالجبل نغتال
ننظر نشعر نتوقف ونسأل أين كان الفنان
أم كان مجرد معري نفر بالصخرة ليكون الإنسان
نأبينا المغاير بأقوال نساء
أم الحنون وأم الشرايط يسعفن الندا
شرايط وحنون زينا لغمارة فرس رخيال
حسام حمران
كفرعمي / بوطان
٢٠٢٢/٩/٢٠

تَسْمِيِة

سَمَّينَا الْجِبَالْ بِسِيمَة رِجَالْ

أَبُو شِعَرْ وأَبُو نَافِشْ أَبُو الْعَدَلْ وأَبُو الْمَنْتوشْ سَبِيل مِثَالْ

شَاكُوشْ وَمَنْكوشْ نُحِتَت صَخْرِهْ عَالْجِبِل تِمْثَالْ

نَنْظُرُ نَتَمَعَّنُ نَتَوقَّفُ ونَتَسَأَلُ أَيْنَ كَانَ الْفَنَّانْ

أَكَانَ مُجَرَّد مُعَرًّى نَقَرْ بِالْصَّخْرِة لِيَكُونَ الانْسَانْ

أَمْ كَانَ مُنْبَطِح مُتَوسِّلٍ نَقَشَ بِالْصَّخْرَة لِيُصْبِح إِنْسَانْ

نَدِينَا الْعَمَايِرْ بِأُمَّهَاتِ نِسَاءْ

أُمَّ الْحَنُّونْ وأُمَّ الشَّرَايِطْ سِمِعْنِ الْنِّدَاءْ

شَرَايِطْ وحَنُّونْ زِينِهْ لِعُمَارَةْ فَرَسْ بِخَيَّالْ

حسام حمدان

كفر راعي/ابو سطن

٢٠٢٢/١٠/١٠

بَبّوّرة
قَشطَت طابشة عومي طَاس
ما أدْروش وتوجع رَاس
يَبّوّره صَوّب وَدزّ طَسْ طَاس
مكَتِّل يا أنضب كَمتش أُقلاث جَانَه يفرْطَاس
بجيارة مَليانة مَيل دكّانة وشترى ملْعَقَة طَاس

حسام حمران
كفرامي / بوسطن
٢٠٢٢ / ٩ / ٢٧

 حسام حمدان 

بِبَّورَة

قَشْطَهْ طَايْشَهْ عَوِجِي طَاسْ

مَا أُدُورْ وَتُوجِعْ رَاسْ

بِبِنُّورَة صَوَّبْ وِدَزْ طَسْ طَاسْ

مِكَيَّلْ بِالْمِنْصَبْ كَمَّشْ أُوْلادْ حَارَهْ بِقِرْطَاسْ

بِجْيَابُهْ مَلْيَانهْ مَيَّلْ دُكَّانهْ وِشْتَرى مِلْعَقَةْ طَاسْ

حسام حمدان
كفر راعي / ابو سطن
٢٠٢٢/٩/٢٧

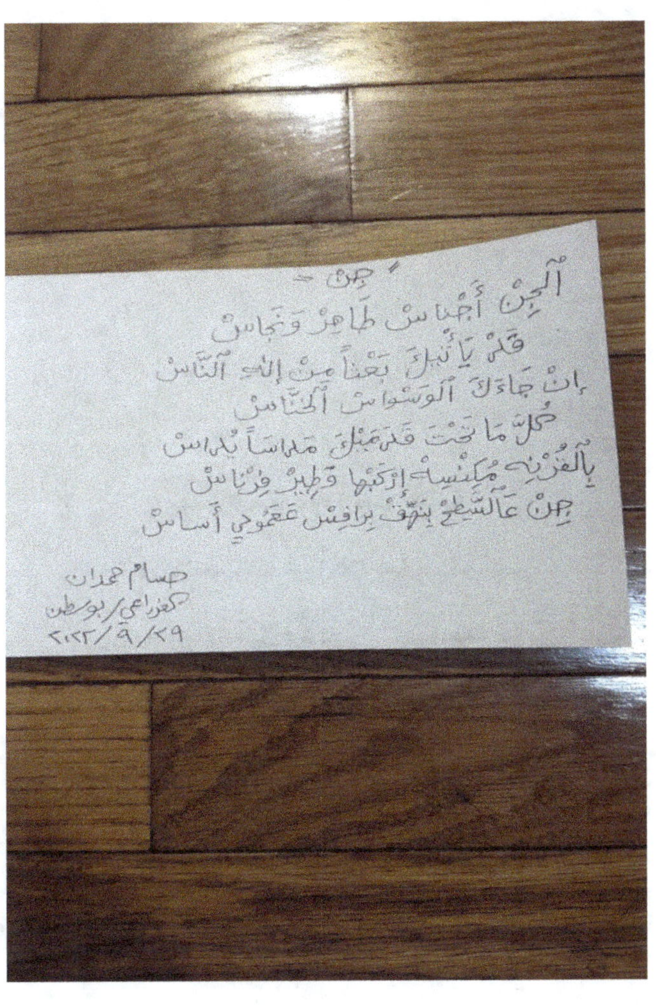
الجِنّ
الجنّ أجناس طاهر ونجاس
قل يا نبي بعنا من إله الناس
إن جاك الوسواس الخناس
كل ما نبت قد مثل مداس بداس
بالفرنة مكنسة اركبها قطير فرناس
جن عالسطح بنوف برافش قعودي أساس
حسام حمدان
كفر عامي / بو وطن
٢٠٢٣ / ٩ / ٢٩

جِنّة

اَلْجِنْ أَجْنَاسْ طَاهِرْ وَنَجَاسْ

قَدْ يَأْتِيكَ بَعْثَا مِنْ إِلهْ اَلنَّاسْ

إِنْ جَاءَكَ اَلْوَسْواسْ اَلْخَنَّاسْ

كُلَّ مَا تَحْتَ قَدَمَيْكَ مَدَاساً يُداسْ

بُالْقُرْنِه مُكْنِسِهْ إِرْكَبْهَا وَطِيرْ فِرنْاسْ

جِنْ عَاْلسَّطِحْ بِنَهَّقْ بِرافِسْ عَعَمُودِ أَساسْ

حسام حمدان
كفر راعي /ابو سطن
٢٠٢٢/٩/٢٩

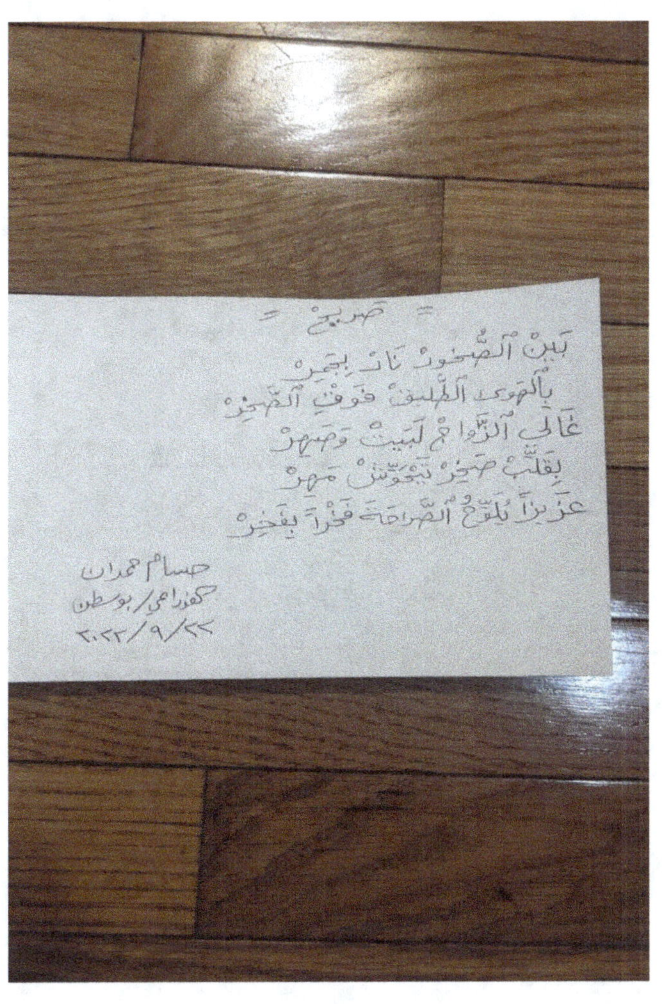

بين الصحون نات بحيره
بالموعد اللطيف فوق الطميره
غالي الزواج لبيت وصمهن
بقلب صخر نبحوش مهن
عزيزاً يلقح القراحة فخراً بفخر
حسام حمدان
كفر احمي / بوسطن
٢٠٢٣/٩/٢٢

صَريح

بَينْ الصُّخورْ نَارْ بِجَمرْ

بِالْهَوى الطَّليقْ فَوقْ الصَّخرْ

غَالي الْزَواجْ لَبَيتْ وَصَهرْ

بِقَلَبْ صَخِرْ تَيْحوشْ مَهرْ

عَزيزاً يُلَوِّحُ الصَّراحَة فَخراً بِفَخرْ

حسام حمدان
كفرراعي/ابوسطن
٢٠٢٢/٩/٢٢

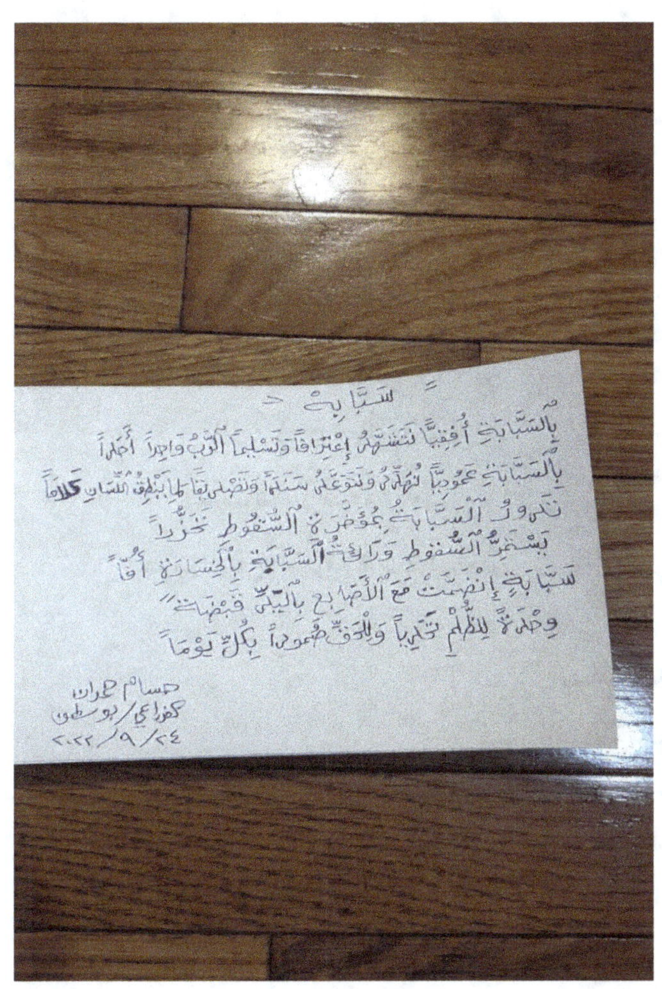

سَبّابة

بِالسَّبَابَةِ أُفقِيّاً نَتَشَهَّدُ إِعْترافاً وَتَسْليماً الرَّبُّ وَاحِداً أَحَداً

بِالسَّبَابَةِ عَمُودِيّاً نُهَدِّدُ وَنَتَوَعَّدُ سَنَداً وَتَصْدِيقاً لِمَا يَنْطِقُ اللِّسَانِ كَلَاماً

تَدورُ السَّبَابَةُ بِمُؤَخَّرَةِ السُّقُوطِ تَحَزُّراً

يَسْتَمِرُّ السُّقُوطِ وَرَائِحَةُ السَّبَابَةِ بِالخَسَارَةِ أُفَقاً

سَبَابَةٍ إِنْضَمَّتْ مَعَ الأَصَابِعِ بِاليَدِّ قَبْضَةً

وِحْدَةً لِلظُّلْمِ تَحَدِّياً وَلِلْحَقِّ صُمُوداً بِكُلِّ يَوْماً

حسام حمدان
كفرراعي /أبوسطن
٢٠٢٢/٩/٢٤

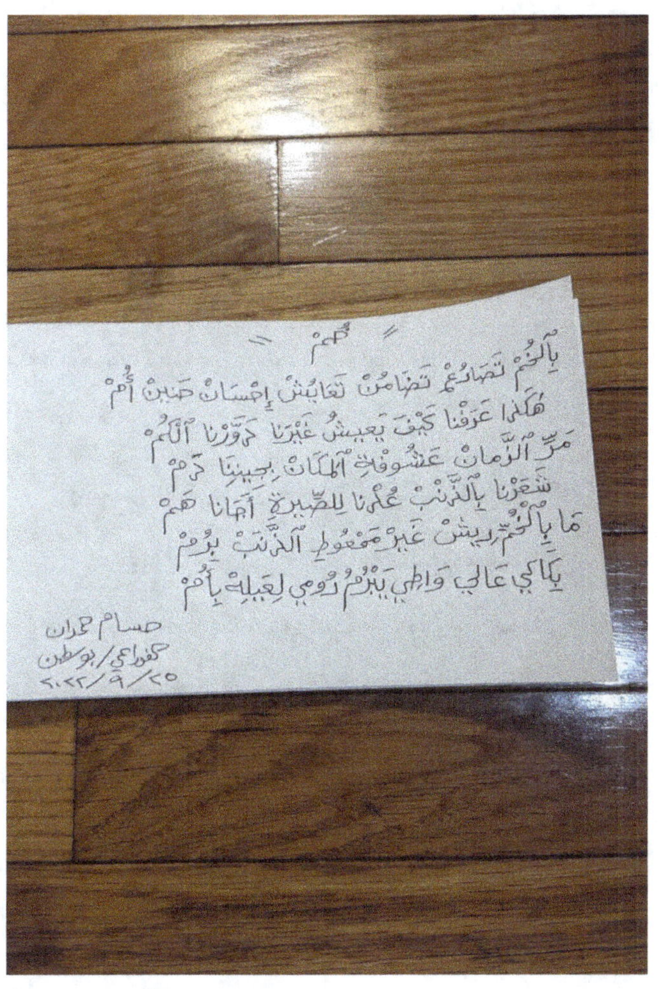

هم
بالهمّ نَصائِع تضامُن تعايُش إحسان حنين أُمّ
هَكَذا عَرَفنا كَيف يَعيش غَيرُنا حَوّرُنا الكمّ
مَرَّ الزَّمان عَشِقوا المَكان بِجِينا كمّ
شَعَرنا بِالذَّنب عُمّنا لِلصَّغيرة أَهانا هَمّ
ما بِالهمّ ريش غَير مَغفوط الذَّنب بُهمّ
بكاكي عالي واطي بِبرم دُومي لِعيلة يا أُمّ

حسام حوران
كفراعي / بوطن
٢٠٢٢ / ٩ / ٢٥

خُمّ

بِالْخُمّ تَصَارُعْ تَضَامُنْ تَعَايُشْ إِحْسَانْ حَنينْ أَمْ

هَكَذا عَرَفْنا كْيفَ يَعيشْ غَيْرَنا دَوْرَنا الْكُمّ

مَرَّ الزَّمانْ عَشوفَة المَكَانْ بِجينَا دَمْ

شَعُرْنَا بِالذَّنْبْ عُدْنا لِلصِّيرة أَجَانا هَمْ

مَا بِالْخُمّ ريشْ غَيرْ مَمْعُوطِ الذَّنَبْ بِرِمْ

بِكَاكي عَالي وَاطِي يَبْرُمْ رُومي لِعَيِلْهْ بِأُمّ

حسام حمدان
كفر راعي/ابو سطن
٢٠٢٢/٩/٢٥

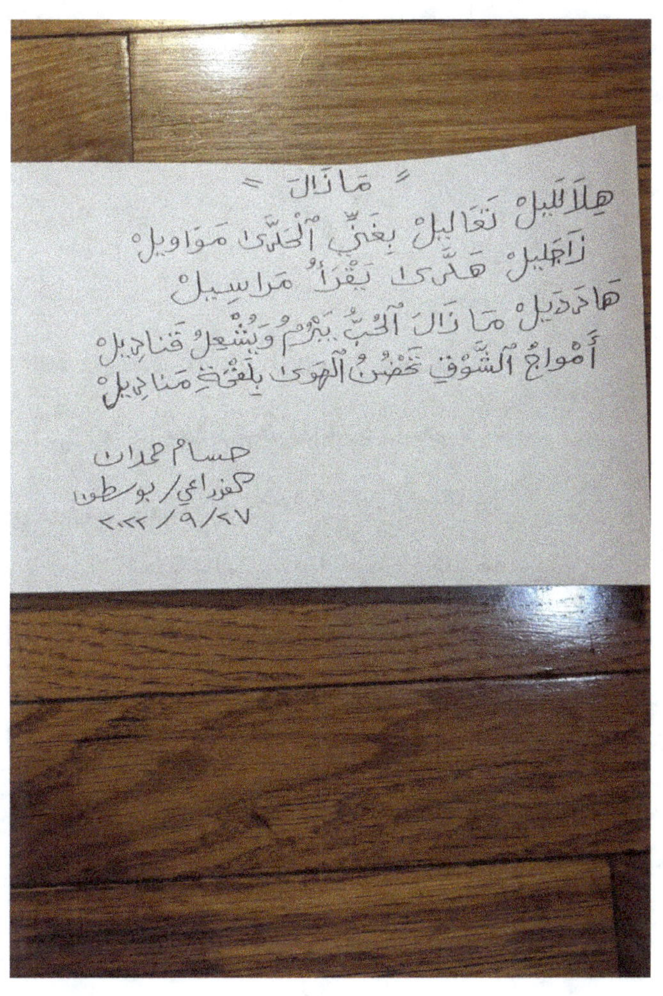
= مَا نَالَ =
هلا الليل تغاليل بغني الحنى مواويل
راحليل حتى يقرأ مراسيل
هاتي دليل ما نال الحب بيوم ويشعل قناديل
أمواج الشوق تحضن الهوى بلفحة مناديل

حسام حمدان
كفرائي / بوسطن
2022/9/27

مَا زَال

هِلاَلَليلْ تَعَاليلْ بِغَنِّي اُلْحدَى مَوَاويلْ

زاجليل هدى يقرأ مراسيل

هَادَديلْ مَا زَالَ اُلْحُبُّ يَبْرُمْ وَيُشْعِلُ قَناديلْ

أَمْواجِ اُلشَّوْقِ تَحْضُنْ اُلْهَوى بِلَفْحَة مَناديلْ

حسام حمدان
كفرراعي/ابو سطن
٢٠٢٢/٩/٢٧

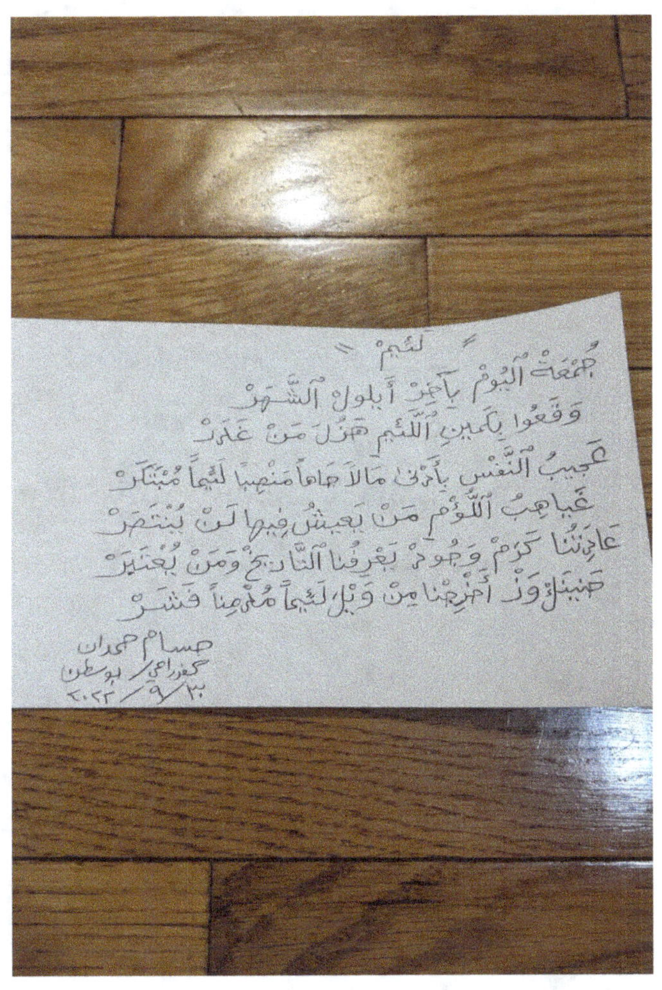

لئيم

جُمِعَتِ اليَومُ بِأعيُنٍ أبلوا الشَّرَفُ
وَقَعُوا بِأعيُنِ اللئيمِ هُزِلَ مَن غَنَى
عَجيبُ النَّفسِ بأنَّ مالاً جاهاً مَنصِباً لئيماً مُبتكَرُ
غَياهِبُ اللؤُمِ مَن يَعيشُ فيها أن يُنتَصَرُ
عائِنُنا كَرُمَ وُجوهٌ يَغرِفُنا التاريخُ ومَن يُعَيِّرُ
حَنينَةً وَن أخرِجنا مِن وَيلَ لَئيماً مُنّ مِنا فَشَرُ

حسام حمدان
كفرواعي / بوسطن
٢٠٢٣ / ٩ / ٣٠

أَسِيم

جُمَعَةُ الْيُومْ بِأَخرْ أَيلولْ الشَّهرْ

وَقَعُوا بِكَمينِ اللَّئيمِ هَزُلَ مَنْ غَدَرْ

عَجيبُ النَّفْسْ بِأَدْنى مَالاً جَاهاً مَنْصِباً لَئيماً مُبْتَكَرْ

غَياهِبُ اللُّؤمْ مَنْ يَعيشُ فيهَا لَنْ يُنْتَصَرْ

عَادِتَنُا كَرَمَ وَجُودْ يَعرِفُنا التَّاريخْ وَمَنْ يُعْتَبَرْ

حَنينَكَ وَزْ أَخْرِجنا مِنْ وَيْلَ لَئيماً مُدْمِناً فَشَرْ

حسام حمدان
كفرراعي/ابوسطن
٢٠٢٢/٩/٣٠

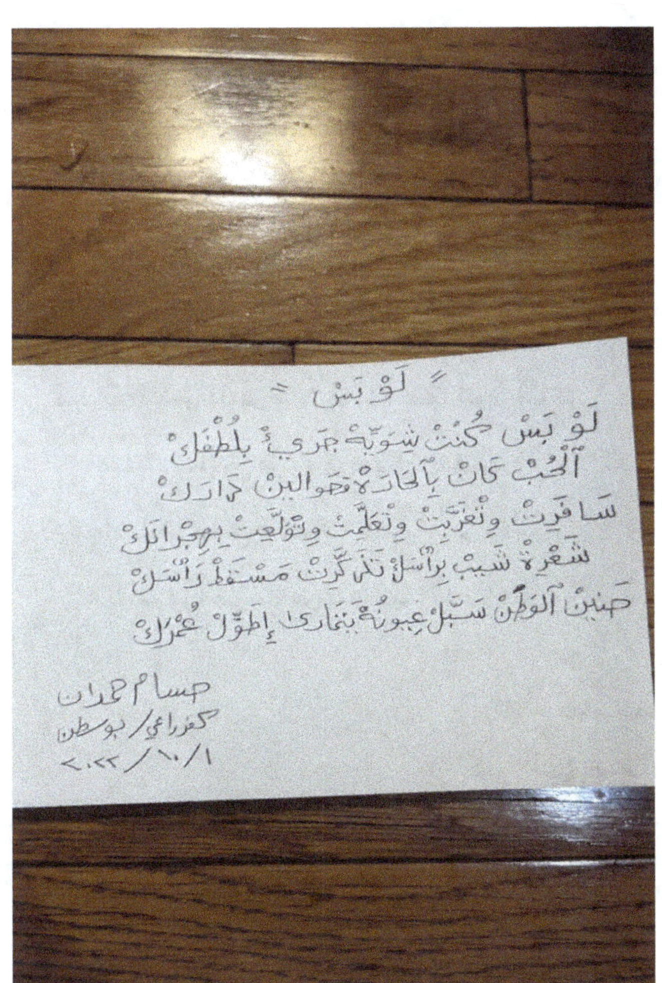
" لَوْ بَسْ "
لَوْ بَسْ كُنْتَ شْوَيّة جَرّي بِالطُّفْل
الحُبْ كَان بِالحَارة وحَوالين دَارَك
سَافَرْت وتْغَرّبْت وتْعَلّمْت وتْوَلّعْت بِهِجْرَاتَك
شَعْرَة شَيّبْ بْرَاسَك تَنْ كِبِرْت مَسْقَط رَاسَك
حَنِين الوَطَن سَبّل عِيُونُه بْنَارَك إطْوّل عُمْرَك

حسام حمدان
كفرواصي / بوسطن
٢٠٢٢ / ١٠ / ١

لَوْ بَسّ

لَوْ بَسْ كُنْتْ شِوَيّهْ جَريءْ بِلُطْفَكْ

الْحُبْ كَانْ بِالْحَارَهْ وَحَوالِينْ دَارَكْ

سَافَرِتْ وِتْغَرَّبِتْ وِتْعَلَّمِتْ وِتْولَّعِتْ بِهِجْرانَكْ

شَعْرِة شِيبْ بِرَأْسَكْ تَذَكَّرِتْ مَسْقَطْ رَأْسَكْ

حَنِينْ الْوَطَنْ سَبَّلْ عِيونُهْ يِتَمارى إِطوّل عُمْرَكْ

حسام حمدان
كفرراعي/ابوسطن
٢٠٢٢/١٠/١

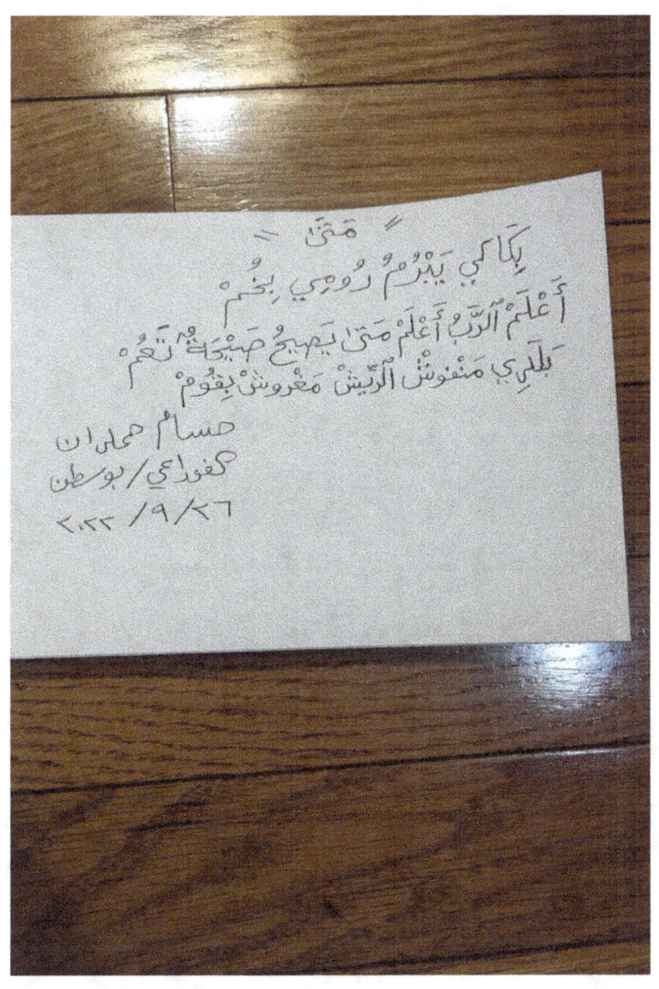
" متى "
بكاكي يْبَرِّمْ رُوحِي بخِمْ
أَعْلَمْ الرَّبْ أَعْلَمْ متى يصيح صيتك تغم
بلّي منفونش الرّيش مغروش بقُومْ
حسام حمدان
كفراحي / بوطن
٢٠٢٢ / ٩ / ٢٦

مَتَّى

بِكَاكِي يَبْرُمْ رُومِي بِحُمْ

أَعْلَمْ الَّربُ أَعْلَمْ مَتى يَصِيحُ صَيْحَةً تَعُمْ

بَلَدَي مَنْفوشْ الْرِيشْ مَغْروشْ بِقُومْ

حسام حمدان
كفرراعي/ابوسطن
٢٠٢٢/٩/٢٦

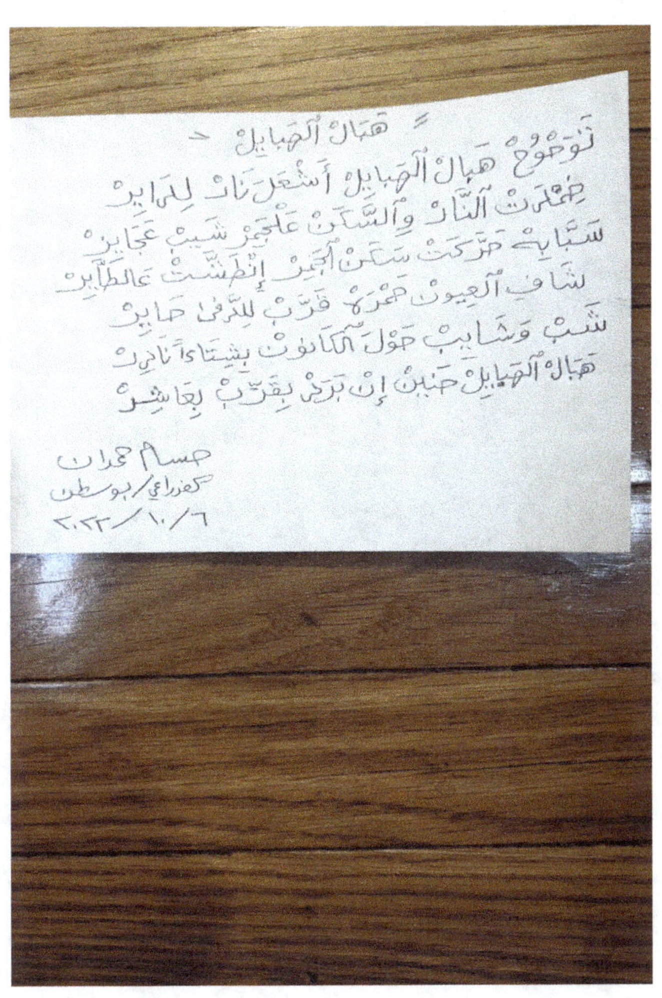

هبال الجبايل

موضوع هبال الجبايل أشعر نات للجايز
ضمخت النار والسكن على عجيز شيب عجايز
شبابيت تركت سكن أجيز إنطششت عالطيابر
شاف العيون عمرو قرت للترف جايز
شب وشايب حول الكانون بشتا نادر
هبال الجبايل حنين إن ترض بقرت بعاشو

حسام حمدان
كفرزاعي / بوسطن
٢٠٢٣ / ١٠ / ٦

هَبَالْ الْهَبَايِلْ

تَوَحْوُحْ هَبَالْ الْهَبَايِلْ أشعل نار لداير

خِمْدَتْ النَّارْ والسَّكَنْ عَلْجَمِرْ شَيبْ عَجَايِزْ

سَبَابُهْ حَرَّكَتْ سَكَنْ الجَمِرْ إنْطَشَّتْ عَالطَّايِرْ

شَافِ العِيونْ حَمْرَهْ قَرَّبْ للدِّفى حَايِرْ

شَبْ وَشَايِبْ حَوْلَ الكَانونْ بشِتَاءاً نَادِرْ

هَبَالْ الهَبَايِلْ حَنِينْ إنْ بَرَدْ بِقِرِبْ يِعَاشِرْ

حسام حمدان
كفر راعي/ابو سطن
٢٠٢٢/١٠/٦

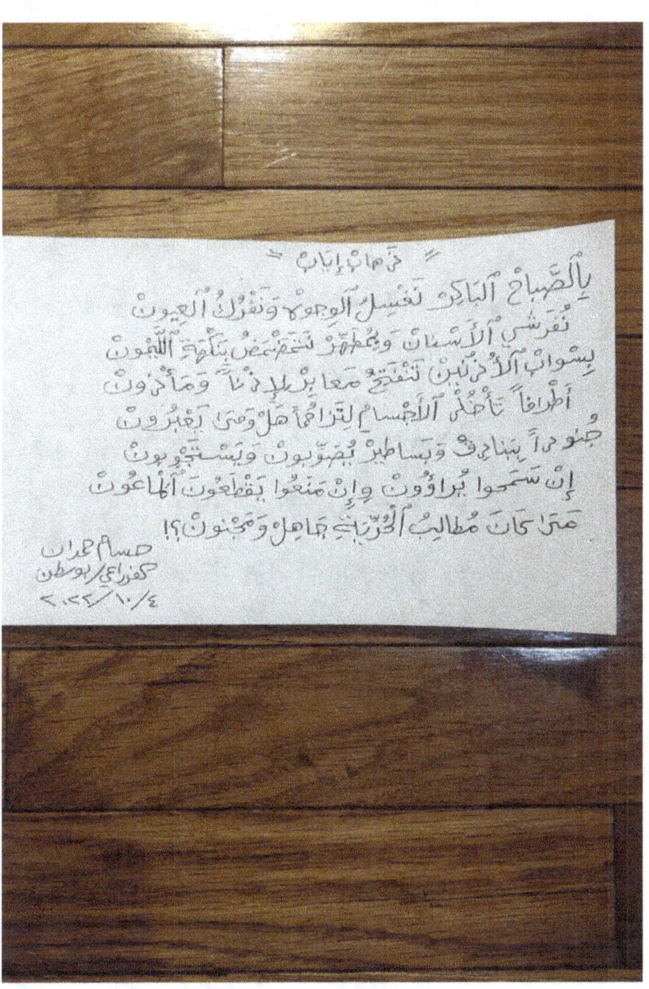
خزان إياب
بالصّباح الباكر نغسل الوجوه ونفرك العيون
نفرشي الأسنان ويُطهّر نحمض بنكهة الليمون
بسوائب الأذنين تنفتح معابرُ للإذنان ومأذونون
أطرافاً تأكل الأجسام لتراحم هل وسى يغبرون
جنود ما يبنادق وبساطير يصوّبون ويستجوبون
إن سمحوا يراؤون وإن منعوا يقطعون الطاعون
متى كان مطالب الحرّية جاهل ومجنون؟!
حسام حمدان
كفرزراعي / بوطن
٢٠٢٤/١٠/٤

ذَهابٌ إِيَابٌ

بِالصَّباحِ البَاكِرْ نَغْسِلُ الوجوه وَنَفْرُكُ العيونْ
نُفَرشي الأَسْنانْ وَبِمُطَهّرْ نَتَمَضْمَضُ بِنَكْهة اللَّيْمُونْ
بِسْوابِ الأُذْنَيْنْ تَنْفَتَحُ مَعابِرْ لِاِذْناً وَمَأْذونْ
أَطْرافاً تَأْخُذُ الأَجْسام لِتَزاحُماً هَلْ ومَتىٰ يَعْبُرونْ
جُنوداً بِبَنادِقْ وَبَساطيرْ يُصوِّبونْ وَيَسْتَجْوِبونْ
إِنْ سَمَحوا يُراؤُونْ وإِنْ مَنَعوا يَقْطَعونَ المَاعْونْ
مَتىٰ كَانَ مُطالِبُ الحُرِّية جَاهِلْ وَمَجْنونْ؟!

حسام حمدان
كفرراعي/ابوسطن
٢٠٢٢/١٠/٤

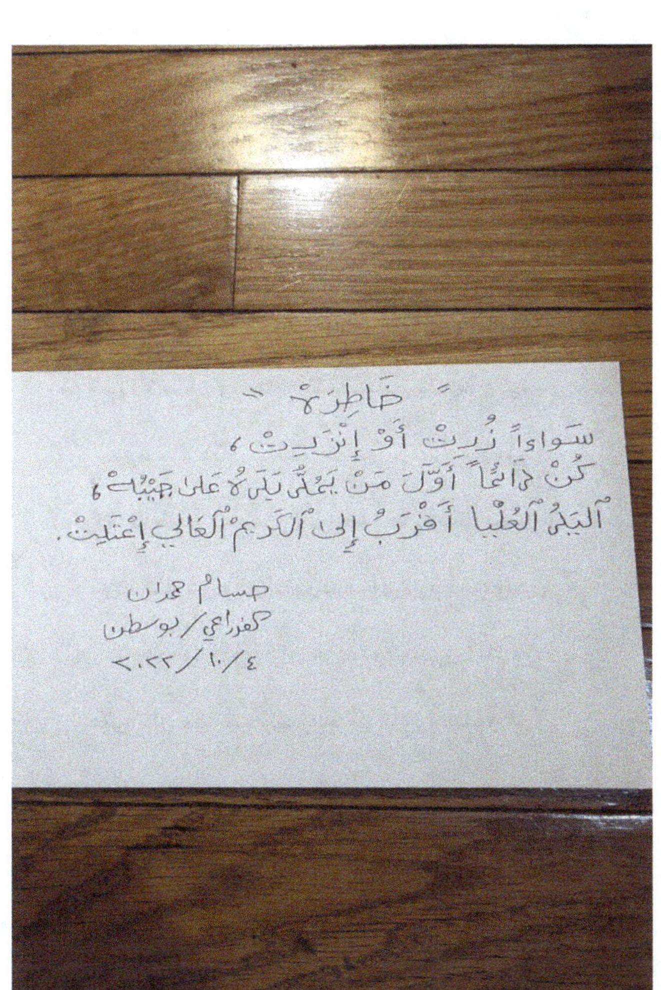

خاطرة
سَوَاءً زِدْتَ أَوْ إِنْزِدْتَ،
كُنْ دَائِماً أَوَّلَ مَنْ يَعْتَنِي بِكَ على جَنْبَيْهِ،
النَّبِي الْعُلْيَا أَقْرَبُ إِلَى الكَرِيم الْعَالِي إِعْتَنَيْتَ.

حسام حمران
كفرراحي / بوسطن
٢٠٢٢ / ١٠ / ٤

خَاطِرَة

سَوَاءً زُرْتُ أَوْ إِنْزَرِتْ،

كُنْ دَائِماً أَوَّلَ مَنْ يَمُدُّ يَدَهُ عَلى جَيْبُهْ،

اليَدُ العُلْيا أَقْرَبُ إلى الكَريمْ العَالي إعْتَلتْ.

حسام حمدان
كفرراعي/ابوسطن
٢٠٢٢/١٠/٤

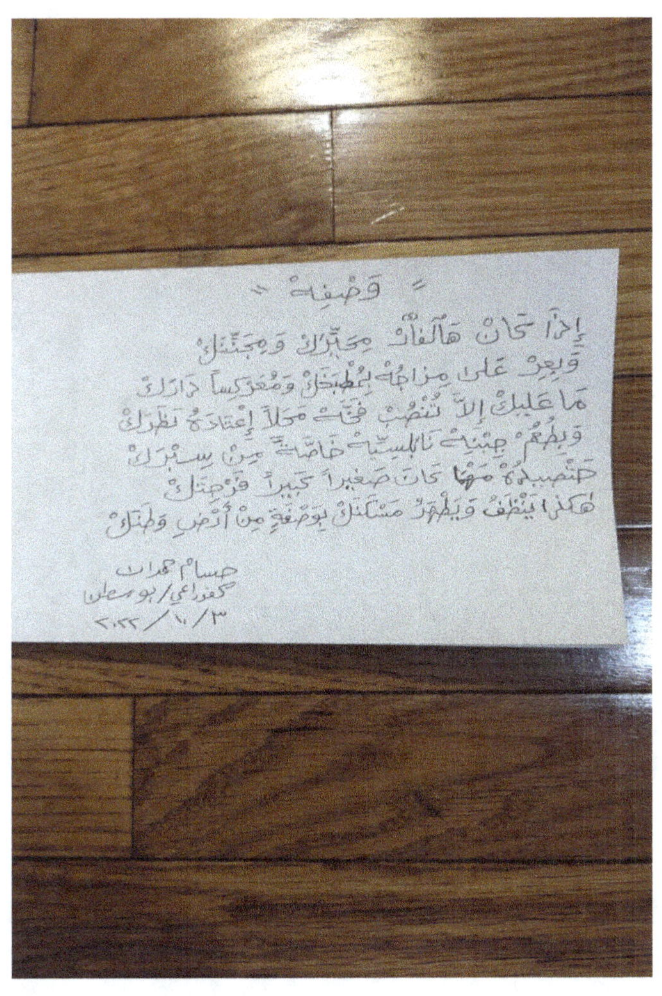
" وصفه "
إذا كان هالفأر محيّرك ومجنّنك
ويعبث على مزاجه بمطبخك ومعركساً دارك
ما عليك إلا تنضب في محل اعتاده نظرك
ويطعم جبنة نابلسية خاصة من سرّك
كنصيحة منها كان صغيراً كبيراً فرحتك
هكل ينظف ويطهر مسكنك بوضع من أرض وطنك

حسام حمدان
كفراعي / أبو مصطفى
٢٠٢٢ / ١٠ / ٣

وَحْشِفَة

إِذَا كَانْ هَالْفَارْ مِحَيِّرَكْ وَمِجَنِّنَكْ

وَيِعَرْ عَلى مِزَاجُهْ بِمُطْبَخَكْ وَ مُعَرْكِساً دَارَكْ

مَا عَليكْ إِلَّا تُنْصُبْ فَخّهْ مَحَلاً إِعْتَادَهُ نَظَرَكْ

وَبِطُعُمْ جِبْنِهْ نَابُلسِيّهْ خَاصّةً مِنْ سَبْرَكْ

حَتْصِيدُهْ مَهْمَا كَانَ صَغيراً كَبيراً فَرْحتكْ

هكذا يَنْظَفُ وَيَطْهَرْ مَسْكَنَكْ بِوَصْفَةً مِنْ أَرْضِ وَطَنَكْ

حسام حمدان
كفرراعي/ابو سطن
٢٠٢٢/١٠/٣

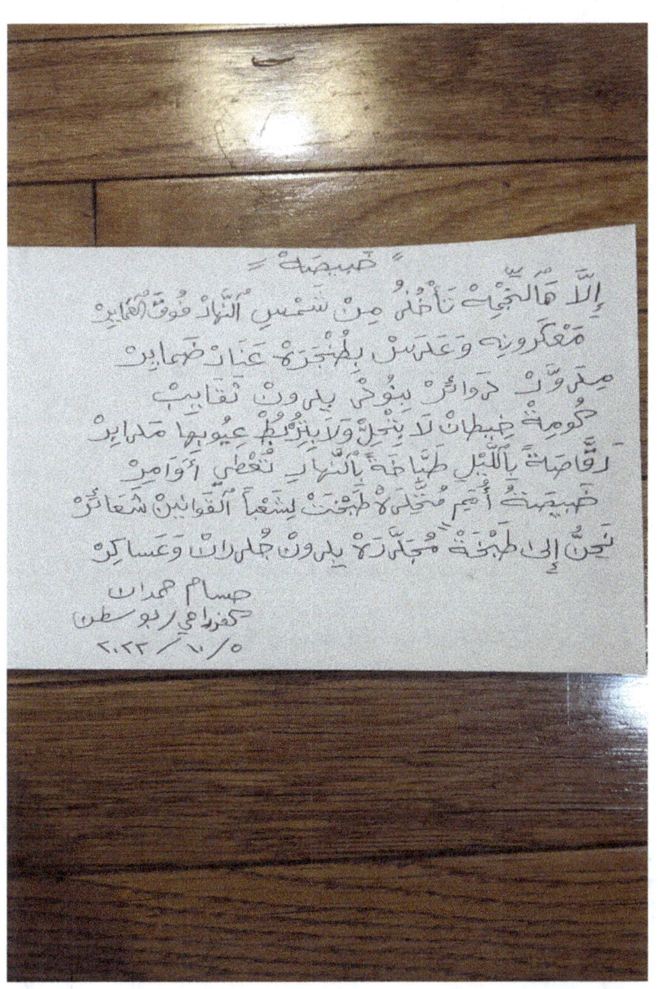
« خبيصة »
إلا هالنية ناخذ من شمس النهار فوق الكباين
متعكرونة وعدسن بلهجرة عنان ضعاين
ميق ون دوائر بنوخي بيدون تقاييب
كومة شيطان لا تنحل ولا يربط عيوبها مداين
رقاصنة بالليل طباخة بالنهار تعطي أوامر
خبيصة أجيم محلى لا طبخت لشعب القوانين شعائر
نحن إلى طبخة محترة يلبسون جلى رات وعساكر
حسام حمدان
كفر واحي / أبو سطن
٢٠٢٣ / ٦ / ٥

خَبِيصَة

إلاّ هَالنّجْمِهْ تَأْخُذْ مِنْ شَمْسِ النّهارْ فُوقَ العَمايِرْ

مَعْكَرونِه وَعَدَسْ بِطُنْجِرَهْ عَنّارْ ضَمائِرْ

مِدَوَّرْ دَوائِرْ بِنُوذْ بِدونْ ثَقايِبْ

كُومِةْ خِيطانْ لَا بِتِحِلّ وَلَا بِتُرْبُطْ عِيُوبها مَدابِرْ

رَقّاصَةْ بِاللّيْلِ طَبّاخَةْ بِالنّهارِ تُعْطي أَوَامِرْ

خَبِيصَةُ أُمَمِ مُتّحِدَهْ طَبْخَتْ لِشَّعْباً القَوانينْ شَعائِرْ

نَحِنُّ إلى طَبْخَةْ مُجَدّرَهْ بِدونْ جُدرانْ وعَسَاكِرْ

حسام حمدان
كفر راعي/ابو سطن
٢٠٢٢/١٠/٥

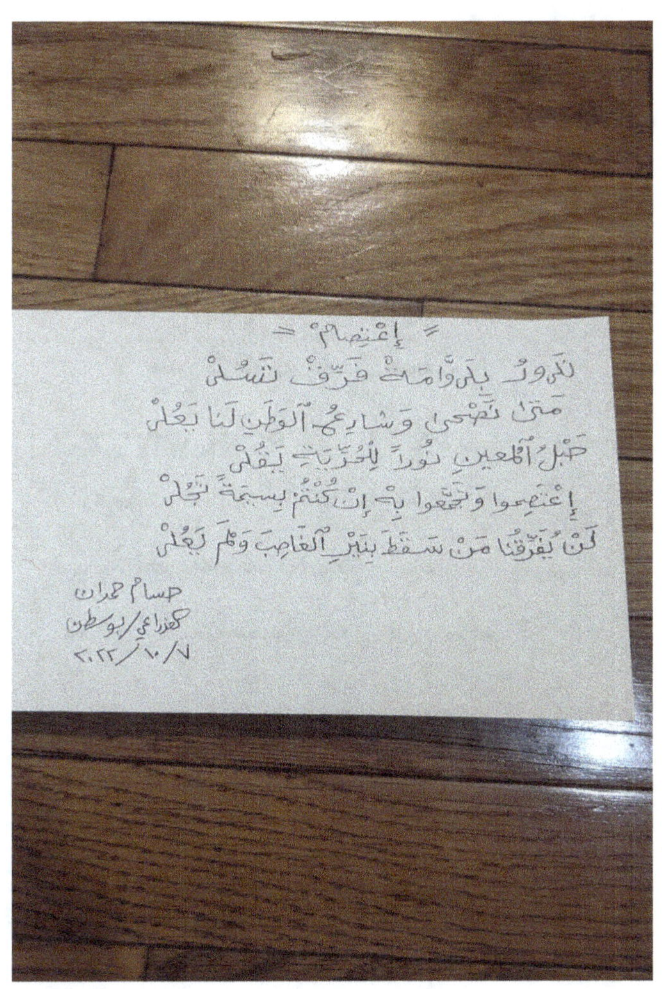
= إعتصام =
نكونُ بكرامةٍ فرضٌ نُسلى
متى نَضوى وشارعُ الوطنِ لنا بَعلى
ظِلُّ المعينِ نوراً للحريّةِ يَبقى
إعتصموا وتجمّعوا به إن كنتم بسيعةٍ تُجلى
لن يُفرّقنا من سقط بينِ الغاصبِ ولم يَعُلى
حسام حمدان
كفراعي / يوطن
٧ / ١٠ / ٢٠٢٣

إِعْتِصَام

نَدورُ بِدَوَّامَةْ فَرِّقْ تَسُدْ

مَتىٰ نَصْحىٰ وَشارِعُ الوَطَنِ لَنا يَعُدْ

حَبْل المَعينِ نُوراً لِلحُرِّيَة يَقُدْ

إِعْتَصِموا وَتَجمَّعوا بِهِ إِنْ كُنْتُمْ بَسيمَةَ تَجُدْ

لَنْ يُفَرِّقُنا مَنْ سَقَطَ بِنَيْرِ الغَاصِبَ وَلَم يَعُدْ

حسام حمدان
كفرراعي/ابو سطن
٧/١٠/٢٠٢٢

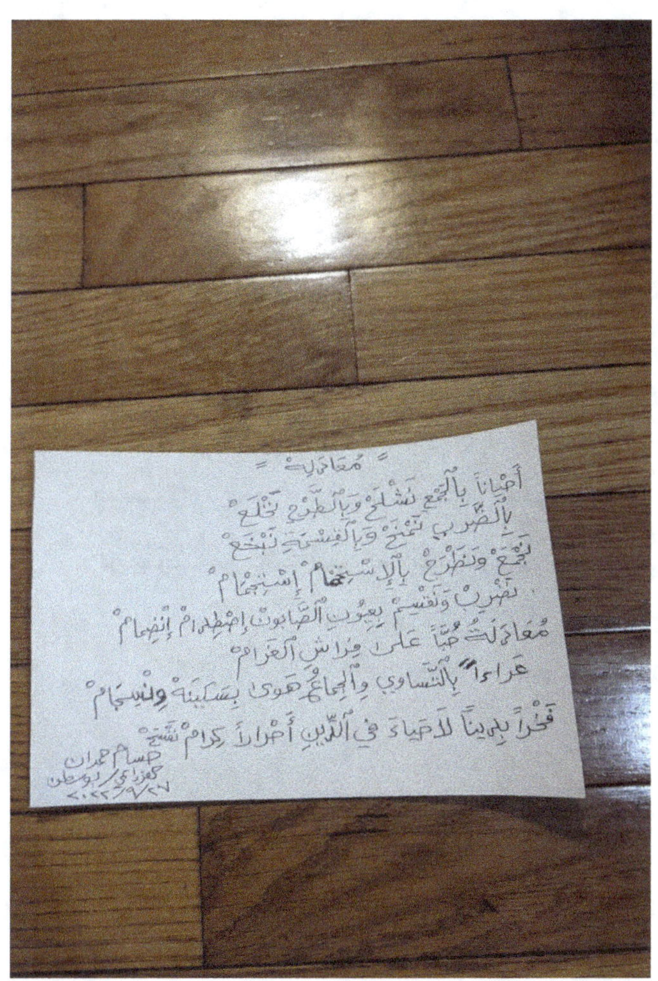
= مُعانَزِيّة =
أحياناً بالجمعِ نُشلَح وبالطرحِ نَخلَع
بالضربِ نُمنَح وبالقسمةِ نَبخَع
نَجمَع ونَطرَح بالاستنجامِ استنجام
نَضرِب ونَقسِم بعيونِ الصابونِ اصطدامٌ إنضِمام
مُعانَزَلَت حُبّاً على وِراشِ الغرام
غراءًا بالتساوي والجماعِ هوىً بسكينةٍ ونِسجام
فخراً بنَدينا للأحياءِ في الدِّينِ أحراراً كرام نَشِّخ
حسام حمدان
كفرزاي / لوطن
٢٠٢٢/٩/٢٧

مُعَادَلَة

أَحْياناً بالجَمْع نَشْلَحْ وَبالطَّرْح نَخْلَعْ

بالضَّرب نَمْنَحْ وَبالقِسْمَة نَبْخَعْ

نَجْمَعْ وَنَطْرَحْ بالإسْتِحمَامْ إسْتِجمَامْ

نَضْرِب وَنَقْسِم بِعُيون الصَّابون إصْطِدامْ إنْضِمامْ

مُعَادَلةُ حُبّاً عَلى فِراشِ الغَرامْ

عَراءاً بالتَّساوي والجِماعُ هَوَى بِسَكينَهْ وَنْسِجَامْ

فَخْراً بِدِيناً لاَحَياءَ فِي الدِّين أَحْراراً كِرامْ نَفْسَحْ

حسام حمدان
كفرراعي/ابوسطن
٢٠٢٢/٩/٢٧

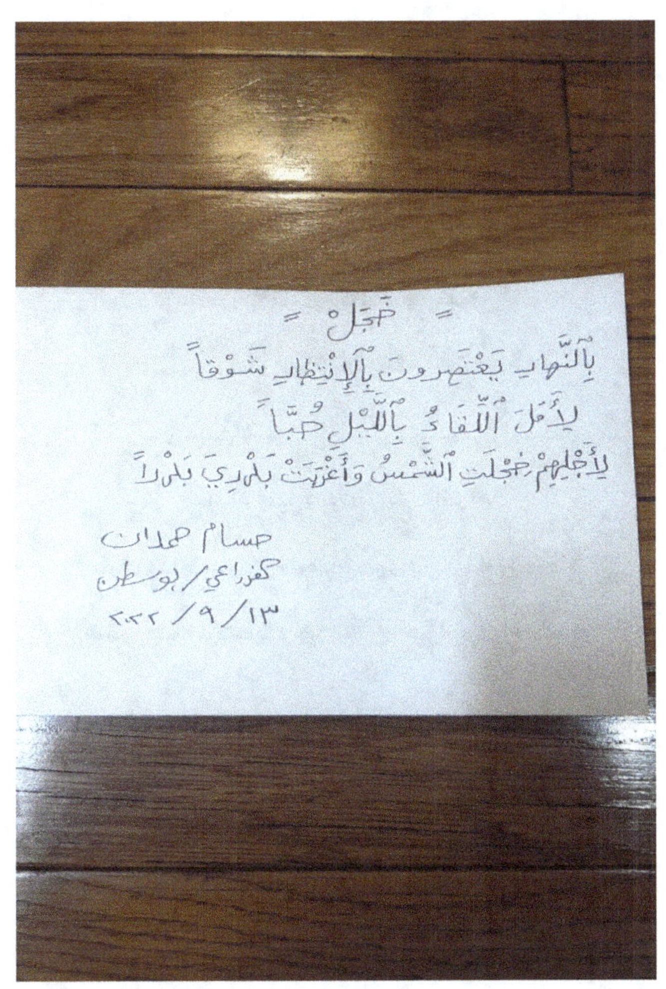
= خجل =
بالنَّواحِ يُعتَصَرونَ بالإنتظارِ شوقاً
ليَدخُلَ اللِّقاءُ بالليلِ حبّاً
لأجلِهم خَجِلتِ الشَّمسُ وأغرَتْ بدري بدراً

حسام حمدان
كفراعي / بوسطن
٢٠٢٢ / ٩ / ١٣

خَجَلٌ

بِالنَّهَارِ يَعْتَصِرونَ بِالاِنْتِظارِ شَوْقاً
لِأَمَلِ اللِّقَاءُ بِاللَّيْلْ حُبّاً
لِأَجْلِهِمْ خَجِلَتِ الشَّمْسُ وَأَغْرَبَتْ بَدْرِي بَدْراً

حسام حمدان
كفر راعي/ابو سطن
٢٠٢٢/١٠/٤

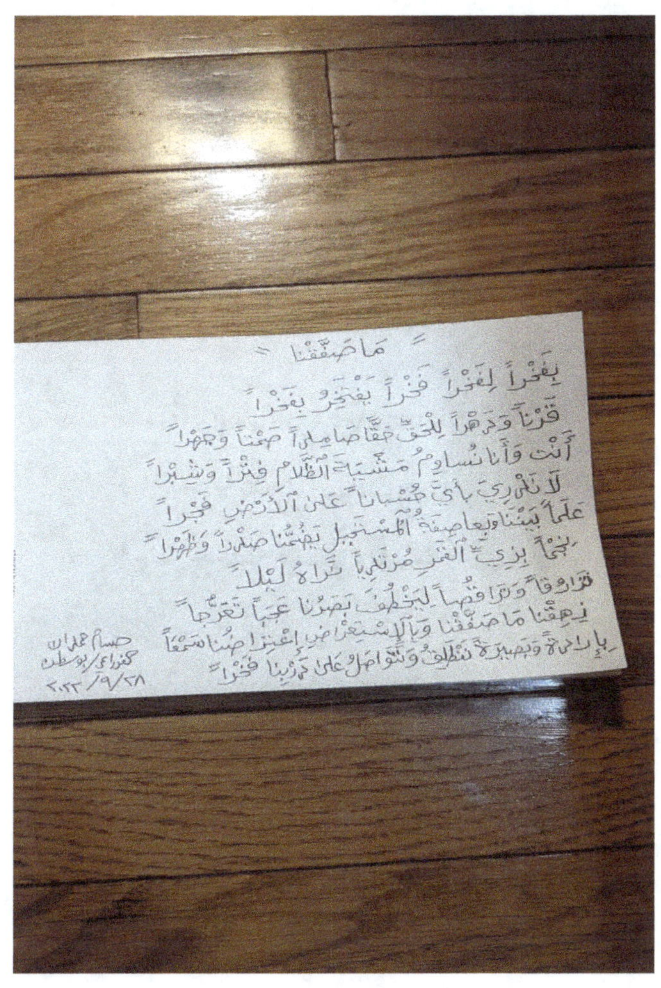

ما صنعنا
بفخرٍ لفخرٍ فخرٌ يفخر بفخرٍ
قرنّا وقدّمنا للحق حقّا صامدا صمنا وجهرا
أنت وأنا نسامو مشيبة الظلام فترة وشهرا
لا نخشى بأي خشيانا على الأرض فجرا
علمًا بيننا نعاصفة المستقبل يهمنا صفرا وطهرا
بنجمة يزين الفجر مزنيا تراه ليلا
قراءةً وقوافصا للخطف نصرنا عبّا نعرّجها
نيهقنا ما صنعنا وبالأسنعار ضين إنّنا صنا سمعًا
بالراي وبصيرة ننطلق وتتواصل على قربنا فخرا
حسام عمران
كنراء/ بوطن
٢٠٢٣ /٩/ ٢٨

مَا صَفَّقَنا

بِفَخْراً لِفَخْراً فَخْراً يَفْتَخِرُ بِفَخْراً

قَرْناً وَدَهْراً لِلْحَقِّ حَقًّا صَامِداً صَمْتاً وَجَهْراً

أَنْت وَأَنا نُساوِمْ مَشْيَةَ الظَّلامْ فِتْراً وَشِبْراً

لا نَدْري بِأَيِّ حُسْباناً عَلى الْأَرضِ فَجْراً

عِلْماً بَيْنَنا وَبِعاصِفَة الْمُسْتحيل يُضمنّا صَدْراً وَظَهْراً

نِجْماً بِزيِّ الْقَمرِ مُرْتدياً نَراهُ لَيْلاً

تَزارُقاً وَتَراقُصاً لِيَخْطَفَ بَصَرْنا عَجَباً تَعَرُّجاً

زِهقْنا مَاصَفَّقْنا وَبِالإسْتِعْراضِ إِعْتِراضُنا سَمْعاً

بِإرادةً وَبَصيرةً نَنْطلقُ وَنَتَواصَلُ عَلى دَرْبِنا فَخْراً

حسام حمدان
كفر راعي/ابو سطن
٢٠٢٢/١٠/٤

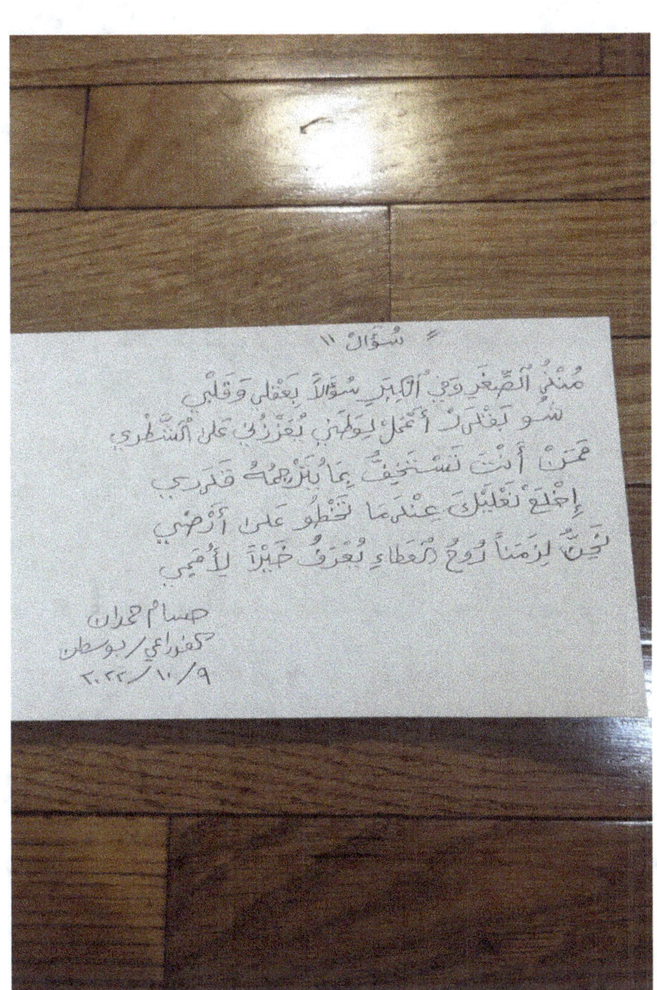
« سؤال »
مُنَّني الصَّغير في الكِبَر سؤالاً بعقلي وقلبي
شو بتقلي أَعمل لِوطني يُعَزِّزني على الشَّطري
ممتن أَنت تَستخيف بما بِتَرجمه قدري
إخلع نَعليك عندما تخطو على أرضي
نحنُ لزمَنا رُوح العطاء يُعَزُّ خيرةً لأُمّي

حسام حمدان
كفوراعي / بوطن
٩ / ١٠ / ٢٠٢٣

سُؤَالٌ

مُنْذُ الصِّغَرِ وَفِي الْكِبَرِ سُؤَالاً بِعَقْلِي وَقَلْبِي

شُو بَقْدُرْ أَعْمَلْ لِوَطَنِي يُعَزِّزُنِي عَلَى الْشَّطري

فَمَنْ أَنْتَ تَسْتَخِفُ بِمَا يُتَرجِمُهُ قَدْرِي

إِخْلَعْ نَعْلَيْكَ عِنْدَمَا تَخْطُو عَلَى أَرْضِي

نَحِنُّ لِزَمَنَا رُوحُ الْعَطَاءِ يُعْرَفُ خَيْراً لِأُمَمِي

حسام حمدان
كفر راعي/ابو سطن
٢٠٢٢/١٠/٩

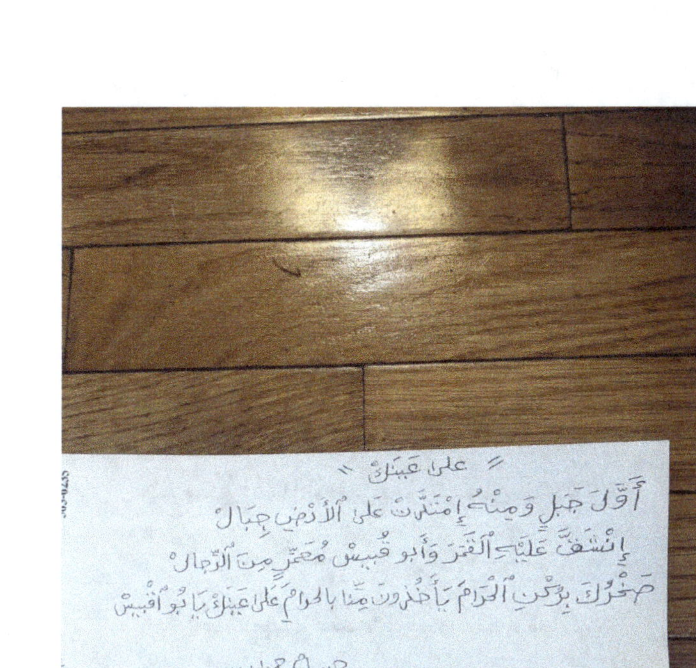

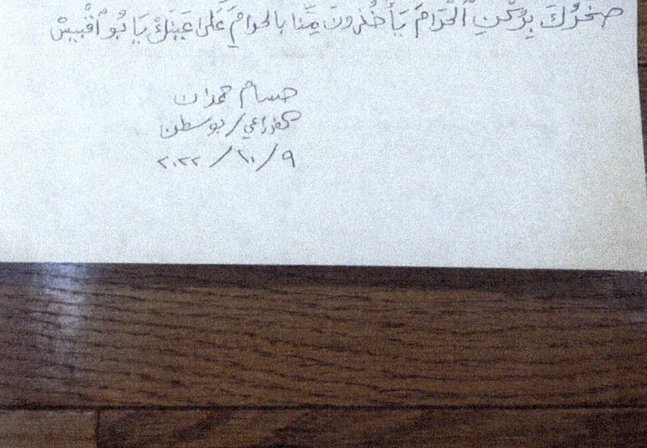

» على قبيس «
أقول جَبل ومنه امتدّت على الأرض جبال
إنشقّ عليه القمر وأبو قبيس مُعترٍ من الرجال
صخرُك يركن الحرام بأُخرون منا بالحرام على عيني يا أبو قبيس

حسام حمدات
كفراعي / بوسطن
٢٠٢٢ / ١٠ / ٩

عَلى عينَك

أَوَّلَ جَبَلَ وَمِنْهُ إِمْتَدَّتْ عَلى الأَرْضِ جِبَالْ

إِنْشَقَّ عَلَيْهِ القَمَرَ وَأبو قُبيسْ مُعَمَّرٍ مِنْ الرِّجالْ

صَخْرُكَ بُرِكْنِ الْحَرامْ بِّالْقُدْسِ بُيُوتاً وَعِيَالْ

حَراماً حَراماً يَأْخُذونَ مِنَّا بِالْحَرامْ عَيْيونَكْ يَبْو اقْبيسْ ذَهَالْ

حسام حمدان
كفرراعي/ابو سطن
٢٠٢٢/١٠/٩

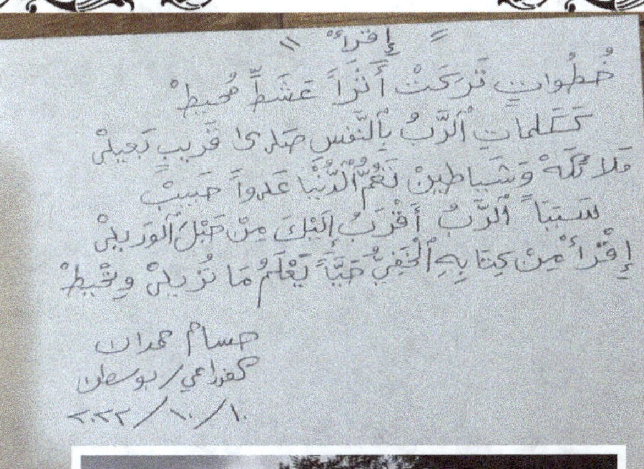

« إقرأ »
خطوات تركت أثراً عشقاً مُحيط
كلمات الرّب بالنفس صدى قريب بعيد
ملائكة وشياطين نغم الدنيا عدواً حبيب
سبّاً الرّب أقرب إليك من حبل الوريد
إقرأ من كتابه الخفي هيّباً يعلم ما تريد وتُحيط

حسام حمدان
كفراعي / بوسطن
٢٠٢٣ / ١٠ / ١٠

إِقَرَأْ

خُطُواتٌ تَركَتْ أَثَراً عَشَطٌ مُحيطْ

كَكَلِماتِ الرّب بِالنّفسِ صَدًى قَريبٌ بَعيدْ

مَلائكَهْ وَشَياطينْ تَعُمُّ الُّدنْيا عَدواً حَبيبْ

سَبَباً الرّبُ أَقْرَبُ إِلَيْكَ مِنْ حَبْلَ الوريد

إِقْرأْ مِنْ كِتَابِهِ الْخَفِيُّ حَيّاً يَعْلَمْ مَا تُريدْ وتُحيطْ

حسام حمدان
كفر راعي/ابو سطن
٢٠٢٢/١٠/١٠

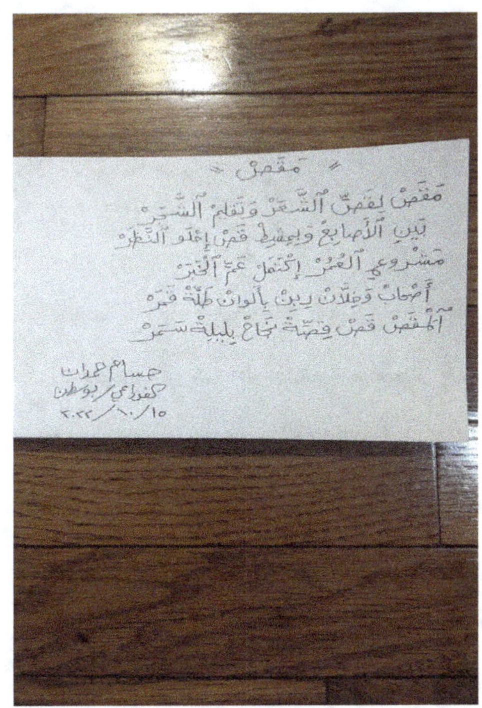
« مقص »
مقصٌ ليقصَّ الشَّعرَ وتقلم الشَّجرِ
بين الأصابع ويبسط قمن إحدى النظرِ
مشروع العمرِ إكتمل عمر الخيرِ
أضحاب وملدنّ يبن بألوان طلّة قمرِ
المقص قمن قصّة تناع بليلة سمرِ

حسام عمران
كفرواحي / بوطن
٢٠٢٣ / ١٠ / ١٥

مَقَصّ

مَقَصّ لِقَصّ الشّعَرْ وَتَقليمْ الشّجَرْ

بَين الأصابِعَ وَبِمِشطْ قَصّ إحْلَو النَظَرْ

مَشروعِ العُمُرْ إكْتَمَلْ عَمّ الْخَبَرْ

أَصْحابْ وخِلّانْ رِبِنْ بِألوانْ طَلّة قَمَرْ

الْمَقَصّ قَصّ قِصّة نَجاحْ بِليلة سَمَرْ

حسام حمدان
كفرراعي/ابو سطن
٢٠٢٢/١٠/١٥

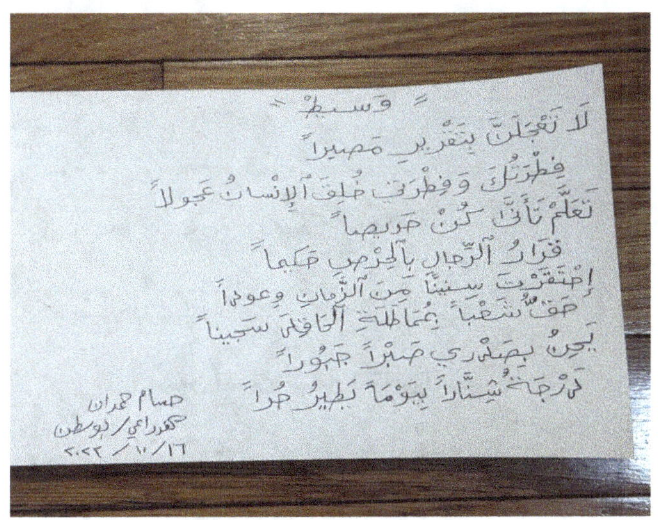

وسيط

لا تَعْجَلَنْ بِتَقْرِيرِ مَصِيراً

فِطْرَتُكَ وَفِطْرَتي خُلِقَ الإِنْسانُ عَجولاً

تَعَلّمْ تَأَنَّى كُنْ حَرِيصاً

قَرارُ الرِّجالِ بِالحِرْصِ حَكيماً

إِحْتَقَرْتَ سِنيناً مِنَ الزَّمانِ وعوداً

حَقُّ شَعْباً بِمُماطَلَة الحَاقِدَ سَجيناً

يَحِنُ بِصَدْري صَبْراً جَبُوراً

دَرْجَةُ شِناراً بِيَوْماً يَطيرُ حُراً

حسام حمدان
كفر راعي/أبو سطن
٢٠٢٢/١٠/١٦

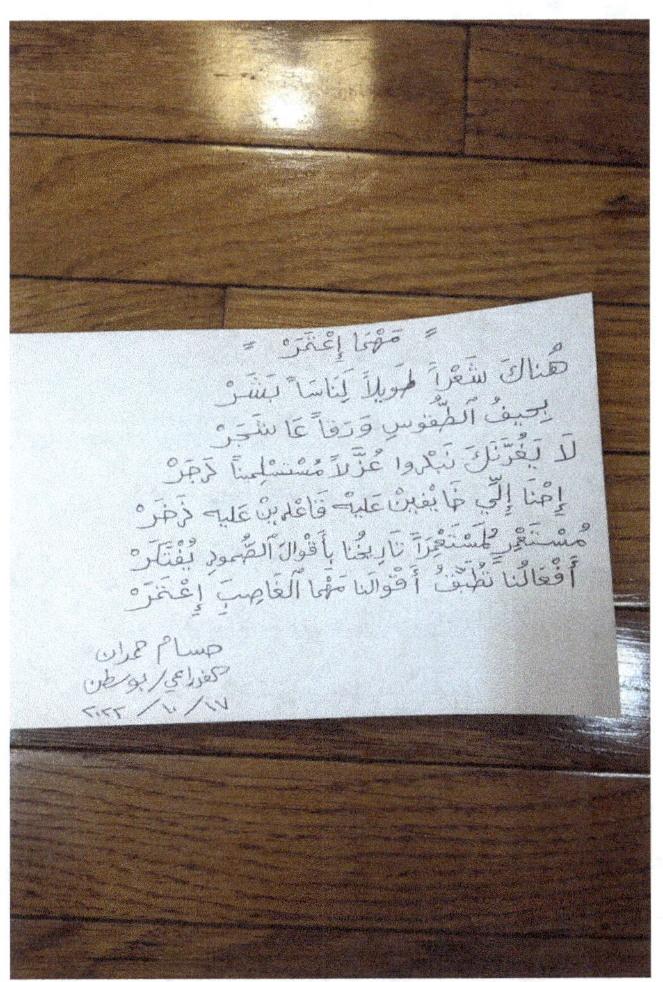

= مهما إغتفر =
هناك شعراً طويلاً لناسٍ بشر
يحيف الطقوس ورفاً عاشجر
لا تغرّنك نبكروا عزلاً مستسلماً رجن
إنما إلي خايفين عليه فاعلم بن عليه ذخر
مستغفرٍ لمستغفراً تاريخنا بأقوال الصمود يفتكر
أفعالنا نظف أقوالنا مهما الغاصب إغتفر

حسام حمران
كفرامي / بوطن
٢٠٢٣ / ١٠ / ١٧

مَهْما إِعْتَمَرْ

هُناكَ شِعْراً طَويلاً لَنَاسَاً بَشَرْ

بِحيفُ الطُّقوسِ وَرَقاً عَاشَجَرْ

لَا يَغُرَّنَكَ نَبْدوا عُزَّلاً مُسْتَسْلِمِيناً دَجَرْ

إِحْنَا إِلّي خَايْفِيْن عَلَيْه قَاعْدِيْن عَلَيْه ذَخَرْ

مُسْتَعْمِرٍ لِمُسْتَعْمِراً تَارِيخُنا بِأَقْوالَ الصُّمودِ يُفْتَكَرْ

أَفْعَالُنَا تُطَبّقُ أَقْوَالنا مَهْما الغَاصِبَ إِعْتَمَرْ

حسام حمدان
كفرراعي/بوسطن
٢٠٢٢/١٠/١٧

مقَالات

ٱلإمام ٱلمبين:

كلمات اللّه بالقران الكريم تقول «إِنَّا نَحْنُ نُحْىِ الْمَوْتَى وَنَكْتُبُ مَا قَدَّمُواْ وَءَاثَرَهُمْ وَكُلَّ شَىْءٍ أَحْصَيْنَهُ فِى إِمَامٍ مُّبِينٍ».

فهنا نتسائل وقد نقول من مضمون الايه أن الإمام المبين هو كتاب خاص بكل أعمال الشخص في حياته على الأرض والذي يكون حامله بيده أليمين أو الشمال حسب نتيجة عمله يوم الحشر والحساب بالاخره.

هنا نستنتج أن ذاكرة الشخص وبصره وبصيرته وعقله وقلبه يعود إليه وهو يتصفح خلال كتابه ويدرك أنه الامام المبين لانه لم يترك شيئا إلا وأحصاه بأدله وعلم وشهود-لذلك قيل عنه الإمام المبين.

امل من اللّه لي ولكم أن يكون الإمام المبين باليد اليمين. امين واللّه أعلم.

حسام حمدان
كفرراعي/ابوسطن
٢٠٢٢/١٠/٢

نحن إلى سيرة سيدنا محمد لأنها تذكرنا بعلاقة حب بين إنسان(محمد)

والرب الله اللتي نتجت عن تطبيق وممارسة أركان الإسلام وإرادة محمد

وإرادة الله وهدايته لمحمد. أركان الإسلام جعلت من سيدنا محمد رجلا

نظيفا طاهرا مؤمنا يتحلى بالخلق الحسن ليتبلور ذلك الحب على الأرض

ويعيش أبديا بجنة الاخره.

على الأرض، نتذكر ذلك الحب الحقيقي الأصيل ونحاول أن نتبع مساره

من خلال تعاليم ديننا لعل وعسى ذلك الحب يذكرنا ويمن علينا بالهداية

والنظافة والطهارة والإيمان.

جسم الإنسان ذكر/أنثى من الخارج فيه أطراف(يدين ٢ ورجلين ٢ وما

فيهما من أصابع وغيرهما)، وفيه ٩ فتوحات/خزوق (عيون ٢، أنف ٢، فم ١، أذنين ٢، بشر/مهبل ١، دبر ١). بدونهم لا يستطيع داخل الإنسان أن يتعامل ويتفاعل ما خارجه وأن يفعل عملا. بدونهم الإنسان يطق يفقع ويموت.

فركن الإسلام الصلاة خمسة مرات وما تتطلبه من وضوء باليوم على سبيل المثال، يحافظ على نظافة وطهارة وسلامة تلك الأطراف والخزوق مما يسهل على مرور امواج المخ والقلب والهاجس والنيه والرب ومن على الأرض وفي الكون. ضوء الله يأتي على شكل أمواج صادره من أسمائه الحسنى ولا تقترب إلا من الجسم النظيف الطاهر لتدخل جسم الإنسان من تلك الخزوق، وقد تفعل شيئا بجسم وحياة الإنسان يؤثر على عمله ومجرى حياته ويغير مصيره. أية وسخ أو درن بتلك الخزوق وعلى الأطراف قد يعرقل ويعوق ويغير من محتوى الأمواج فلا تقرأ صحيحا بعقل وقلب وما بداخل الإنسان وخارجه.

عدم نظافة وطهارة وسلامة تلك الخزوق قد تؤدي إلى خوازيك منك

فيك وينطبق عليك المثل من اللذين ضده من بدنه. والله أعلم

حسام حمدان

كفرراعي/ابوسطن

٢٠٢٢/١٠/١

 بالحنين وز 

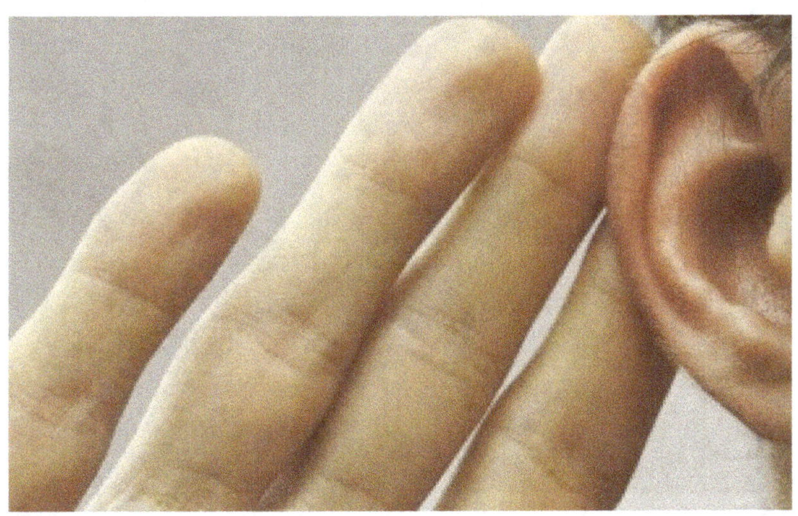

أُطرش بالزفه:

كنا نسمعها من ابائنا وأجدادنا واللّه فلان إبن علان كان بحياته أطرش بالزفه. فمن هو الأطرش بالزفه؟هل هو خيار؟هل هو سلوك، طبع، موود/مزاج، عاده، خلق؟هل هو زمني مؤقت/دائم؟ما هي أسبابه، دوافعه، نتائجه، تأثيره وعواقبه؟هل هو محصور على الفرد فقط أم قوانين وسياسة حكومات ومنظمات وجمعيات ولجانات أخرى تمارسه؟

الأطرش بالزفه قد يكن فعلا أطرش بمكان ووضع ما بسبب قلة ألعلم والمعرفه للحدث/للموضوع المطروح في ذلك الوقت. وذلك يؤدي إلى التبعيه والإنصياع والخضوع الأعمى للموضوع وأعوانه. مصير الأطرش بالزفه بتلك ألوضع مبني على رحمة أعوان الموضوع.

الأطرش بالزفه قد يكون خيارا ناتجه الهروب من النفس، خجل، خوف

من ردود الفعل، تصنع لمعرفة رأي وتصرف الاخرين. كل ذلك قد يؤدي إلى الأنانيه، الإستغلال، اللامبالاه، الحقد والحسد، التجسس، الإنتقام وكبت حرية التعبير.

قوانين وسياسة دول وحكومات وغيرها من منظمات وجمعيات والعاملين فيها قد تمارس الأطرش بالزفه في بعض الأحيان لضبط مواطنيها والحفاظ على مراكزها، نرى ذلك في الحكومات الديكتاتورية ومن داعمينها. كل ذلك يؤدي أحيانا إلى سوء تفاهم، خصام مؤذي بتنوع أشكاله، قهر ومعاناة، فقدان الحريه والإستقلال كم نراه من تصرف الأمم المتحده وغيرها من الدول تجاه القضيه الفلسطينيه-فهم أقرب مثال للأطرش بالزفه.

الرب قد يضل الإنسان للتهرب من وعدم سماع الحقيقه والحق فيجعله «صم» أي أطرش بالزفه.

في ناس أدركت عدم قدرتها على تغيير الوضع، يئست وأصبحت طرشى

بالزفه إلى أجل غير معلوم.

امل لي ولكم سلامة وحرية السمع لكي نتفاعل بحريه وود وسلام-ونترنم ونستمتع بطلعة الحدايه بزفة العريس» المحبه ثلاثة أشكال حلو ومر ومن،.

حسام حمدان
كفرراعي/ابوسطن
٢٠٢٢/١٠/٨

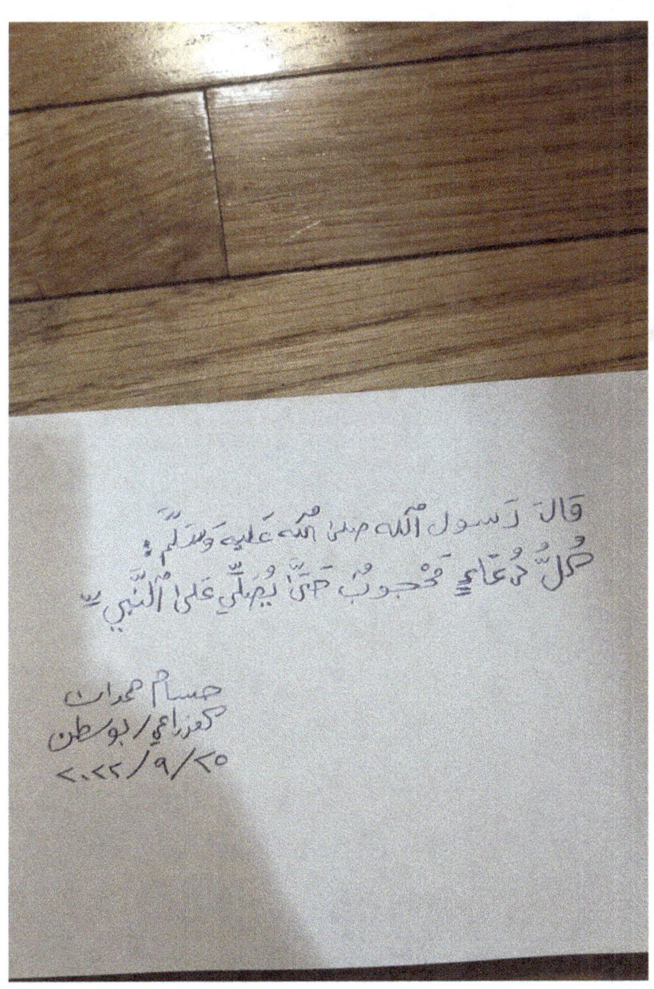

قال رسول الله صلى الله عليه وسلم:
كل دعاء محجوب حتى يصلى على النبي ﷺ
حسام حمدان
كفرزامي / بوطن
٢٠٢٢ / ٩ / ٢٥

سيرة الرسول وصله / فلتر بين الله وعباده :

ما قد نستنتجه من قول النبي والرسول محمد «كل دعاء محجوب حتى يصلي على النبي» :

أن الله إحتراما وتقديرا وثناءا جعل من سيرة الرسول والنبي محمد وصلة بينه وبين عباده على الارض لعدة أسباب تميز بها الرسول :

١ - إختاره نبيا قبل أن يولد على الارض

٢ - جعله صادقا أمينا

٣ - إختاره رسولا

٤ - أنزل عليه القران وما يحتويه من تعاليم ومعجزات

٥ - إختاره حبيبا

٦-أسرى وعرج به الملك إلى جنات وعرش الله ورأى من آيات ومعجزات الله لم يرى مثلها أحد.

٧-بدين الإسلام جعل الله من سيدنا محمد رجلا نقيا نظيفا طاهرا مؤمنا من تلك الميزات نلاحظ سيرة وكيان سيدنا محمد عند الله كبيره وفوق ما نتخيل. فقد نقول أن ضوء الله وما يحمله من تعاليم قد يمر بسيرة الرسول لأنها خالية من الشوائب ومنها تنتشر بالكون. كذلك نقول عن دعاء الإنسان لله على سبيل المثال، إنه لا يصل الله حتى يمر بسيرة الرسول عن طريق قوله «اللهم صل على محمد». وقد نقول أنه قد يكون من الاسباب أن الله وملائكته يصلون على ألنبي. وقد نقول أن الرسول وسيرته ما زالت من أولياء الله على الأرض.

الكون والفضاء مليئه بأمواج وبما فيها أمواج إبليس والشياطين والجن وألمخلوقات الشريره اللتي لا نعرفها ولا نراها وأمواج الإنسان الناتجه عن أفعاله وأقواله. سيرة الرسول فلتر يستقبل دعوة الإنسان المعنونه»اللهم

صل على محمد» ويبث محتواها كما هو ليلتقطها عرش الرحمن ويسمعها الله.

الله يلهمنا دائما أن نقول «اللهم صل على محمد» قبل أن ندعو الله ليسأل عنا ويستجيب لدعوانا.

حسام حمدان
كفرراعي/ابو سطن
٢٠٢٢/٩/٢٥

بالواحد وحده

بحياتك، لازم دائما يكون عندك شيء إخليك واقف على رؤوس رجليك،

يقلبك بفراشك ويسهرك بالليل. أنت ادرى من يستحق ذلك إن كنت من من

يعرف الحب والحرية ومن أهل الحق والخير.

بالواحد وحده تخيط علم المستحيل- لعله فلسطين.

حسام حمدان
كفرراعي/ابوسطن

٢٠٢٢/١٠/١٢

سطح زينكو

للسياره بنينا حاصل (مخزن) من طوب وسقفناه بلوحات زينكو. مستطيل الشكل، حيط عحد الشارع، حيط على أرض صلبه تربتها حمرى وعليها خيش تبن، الحيط الخلفي وراه لوزه مره بأغصان (برفافيع) متشابكه واقصر من السطح بشويه. حتى تطلع على السطح، بدك سلم أو تتشعبط على اللوزه.

فوق لوحات الزينكوا حطينا بلوكات طوب من خوف ما اطير بالريح. بكل طوبه أربعة فتوحات أخذت منها العصافير والحراذين والأفاعي والسحالي مساكن.

وحنا أولاد وبحر الصيف كنا نتبايع مين بمشي حايِفْ عالسطح و(بظاني) يصمد لوقت أطول. رهان الرابح كازوزة ميراندا بارده وفواره.

يِّ أولاد مشت إشويه وحست بحراره (بصليان)ونطت بسرعه على خيش التبن. وأولاد اخرين مشو، تمايلوا، تراقصوا، (تفاعطوا) قفظلوا بين الطوب بينما تسحيج وتصفيروتشجيع وتهزير وقهقهات أولاد الأرض منتظرة حدة الصمود وفرحه الفوز على خيش التبن.

تعلمنا مهما كنت حريص وحذر مع الزينكو، إلا تتخرمش أو تنجرح، ولكنه حل رخيص وسريع للستر وللاجىء بده يعيش. بالشتاء، صوت المطر عليه يقظه بالنهار وبالليل

موسيقة رعب ذكرى لويلات حرب.

والولد بتشجيع الأولاد بينسى الدنيا وبغامر.

مهما تكون حذر وحريص ومشط، مع وعلى الزينكو إلا

تنجرح أو تتخشط.

حسام حمدان
كفرراعي/ابو سطن
٢٠٢٢/١٠/١٠

الدعاء فعل / عمل خير:

الله طلب من الإنسان أن يدعوه بقوله "إدعوني أستجب لكم". فإذا الإنسان دعى الله فإنه لبى طلب الله منه ويعتبر فعل/عمل لمرضاة الله بغض النظر ما يدعوه الإنسان سواءا سرا أو علنا. بالدعاء قد يشارك الإنسان أمره مع الله، يوكل أمره لله ويجعله يتحمل مسؤولية الامر. والله قدر المسؤوليه لأنه كما وعد الكبير الواسع العظيم.

فقد نقول أن الدعاء يعتبر فعل/عمل خير ويسجل بكتاب أفعال الإنسان ويراه يوم القيامه، وقد تكون وتأثر في

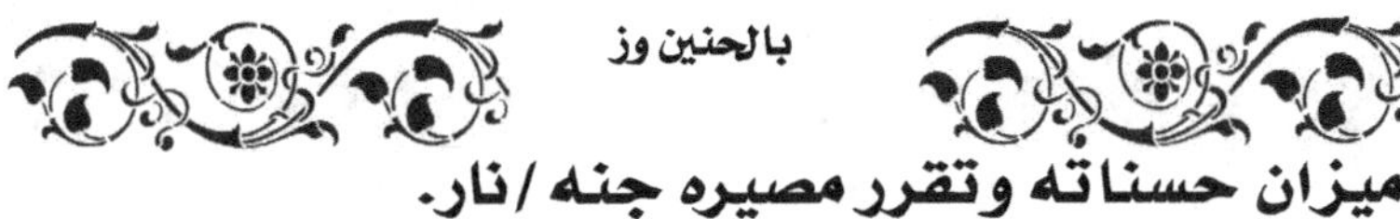

ميزان حسناته وتقرر مصيره جنه / نار.

بخلال الدعاء قد يعتبر الإنسان مؤمنا ويستجيب الله

ببغاء عن قريب وبحياة الإنسان مباشر أو غيره.

بحياتك، أدعوا الله قدر ما تستطيع ولن تخسر شيئا، إن

لم تستجب بالدنيا ستكون بميزان حسناتك يوم الاخره.

بدعاء الإنسان وعد الله أن يستجيب وهو لا يخلف

الميعاد.

حسام حمدان
كفرراعي / أبوسطن
٢٠٢٢/١٠/١٤

حنين الجرعوب :

في بعض المناطق، الشارع الرئيسي بقرية كفرراعي كان منحدر وعلى حبله طويله . بخط واضح وعلى جنبيه ارض منخفضه فيها حجاره وصخور. كانت زي خندق بين الشارع والدكاكين.

وحنا أولاد، كنت ننتظر الشتاء بشوق وحراره، لنراقب مجرى مياه المطر بذلك الخندق المتعدد بالوسع والعمق سمي عندئذ جرعوب.

بالمطر الغزير مشينا مع الميه تجري بالجرعوب، وشاهدنها تجر مجموعة عيدان قش محملة بما تصادفه خلال

مرورها بالجرعوب من شعر وطابات تنس طاوله، ورق، شرايط، أقلام، أجزاء بلونات وعظام. وكأنها رمث النجاة لموسى وعيسى ومحمد في رحلة الرسالة وبعد وقوف المطر.

لاحظنا مياه المطر بالجرعوب كأنها رسام بعدته يرسم ويرسم ومع موعد مع طلوع الشمس ليعرض مع رسمه بالجرعوب بعد وقوف المطر.

فعلا بعد وقوف المطر، كنا نلقى بنانير، تعاريف، قروش، وإحيانا خواتم فضه وذهب مفسوخه. كنا نتمنى أن نرى جوهره بارزه أو صندوق ذهب من كثر ما سمعنا عن الدوله العثمانيه وعملتها ووجودها على الأرض.

صور الجرعوب ما زالت في ذاكرتي، وما فعلته مياه المطر خلال مرورها فيه لوحات بمتحف الحنين أرى بعضها بخيالي عندما يهطل المطر.

الشارع توسع وتعبد ولم يبقى على الأرض من الجرعوب أثرا.

حسام حمدان
كفرراعي/بوسطن
٢٠٢٢/٩/١٣

أنظر:

أنت الناظر، بنظراتك تملك ما ترى في السماء والأرض.

أنت إنسان خلقت ولي الرب على الأرض، أنظر وعبر عن

ما ترى قولا وكتابة ولا تأخذك بهن لومة لائم.

غيرك ينظر فأنت أنظر، ألرب والبشر وكائنات الكون

ينتظرون صورة منك تعبر عن رأي إرادتك وقلبك وعقلك

وضميرك ونيتك بما تراه على أرض الواقع.

حسام حمدان
كفرراعي/بوسطن
٢٠٢٢/١٠/١٥

خلق الإنسان عجولا :

كلمات الله "خلق الإنسان عجولا" هي إعتراف الله بأن فطرة الإنسان خلق عجولا، ذلك الإعتراف بحد ذاته مؤهلا للإنسان أن ينال رحمة ومغفرة الله نتيجة عمله كما يراه ويشاء الله.

فقد يكون من الأسباب أرسل الله رسله وكتبه لتعليم الأنسان كيف يكون هادئا ومتأنيا يأخذ قراراته في حياته.

قد نقول أن الله يأخذ بعين الأعتبار عامل التأني وعجلة الإنسان عندما يقيم كل عمل من أعماله. عدى عن فطرته، ما هي أسباب ونتائج التأني والعجله في عمله وتأثيرهم على الشخص نفسه، كائنات الأرض وطاعة الله. كل عمل له فعل وردة فعل ظاهري وباطني، غير الله قد يعلم بعضهم والله وحده يعلمهم جميعا.

فقد نقول أن عمل الانسان يقيم عند اللّه بمدى التعاون والتنسيق والإتفاق بين عقله وقلبه وضميره ونيته وتأنيه وعجلته وبشهود من أعضاء جسده، الأرض وما عليها وغيرها لا نعرف عنها. لهذا السبب اللّه وصف كيانه بأنه دقيق الحساب وما هو بظلام للعباد.

ركن الصلاة على سبيل المثال، تقاوم عجلة الإنسان ويتعلم التأني والهدوء من خلال الركوع والسجود والخشوع. كلمات القران فيها معجزات وقرائتها تؤدي إلى تركيز، تأني ، خشوع والتحكم بالعجله بحياة الإنسان.

أول شيء أمر به اللّه هو طلب العلم لكي يتعلم ويعرف الأنسان كيف يتعامل مع فطرته "عجولا". فعلا، مع الزمن الأنسان تعلم الكثير ووجد حلولا من خلال أبحاثه في الطب وغيرها لضبط

فطرة العجله.

الله حث على الرياضه، القرائه، العلاقات، الزواج، الحب، الجنس والاولاد وغيرها للتعامل مع فطرة العجله. الإنسان عبر الزمان ومن خلال ذلك تعلم أن يتأنى ولا يستعجل، فعمل بهدوء وتفاهم وحقق سكينه وسلام.

والله قال من أسباب خلق الإنسان أن يكون وليه على الأرض يعيش عليها ويعمرها-عمرانها لمرضات الانسان والله لا يتم بالعجله ومن إنسانا عجولا.

حسام حمدان
كفر راعي/ابو سطن
٢٠٢٢/١٠/١٧

عرض

مسوسه الأضراس، فكل ما يعرض يعتذر أو يرفض أو يبلع بلع.

خلي عرضك بلسانك وجيبك لغاية ما تنظف أو تقلع أو تزرع

أضراس جديده. العين تري والأذن تسمع والأنف ينشق واليد

تلمس والرجل تسعى والفم بمضغ ونكهة المعروض يسهل هضمه.

إن كان العرض مصير قوما، أضراسا قوية بكل يوما.

حسام حمدان
كفر راعي / ابو سطن
٢٠٢٢/١٠/١٨

أُمانه بعنقك

مين بدك وبتحاول تدعم وتدعم بأية طريقه وشكل من الأشكال أمانه بعنقك عند الخالق والمخلوق والأرض. إنه ذلك يعتبر عمل بفعل وردة فعل بنتائج ومضاعفات ملحوظه وغيرها تستمر ليوم الحساب.

إحسب حساب بمن ولمن تدعم/عمل لكي لا تنصدم بما تراه بالحاضر والمستقبل وبكتابك يوم الحساب.

حسام حمدان
كفرراعي/ابوسطن
٢٠٢٢/١٠/١٨

الخاتمة

فالذكريات ما زالت مكدسة. ذكريات حفرناها داخل أعماقنا، وصور حفظناها في عيوننا، حنين عظيم حبسناه داخلنا، والأشواق باتت واضحة بكلماتنا، والحب لا يمكن أن نخفيه فينا. لا يستطيع إنسانٌ أو قوةٌ في الوجود أن تمحو الذكريات تماماً. يا لافتات قطارات الشتات قفي، أحصِ المحطات، كم صرنا بعيدينا في الذكريات عزفنا الأغنيات معاً، هل خاننا اللحن أم خنا أغانينا؟ لقد محا الحنين كالعادة الذكريات السيئة، وضخم الطيبة. كم نحتاج لتلك الذكريات حينما تأتي من بعيد، بعد وقتٍ طويلٍ من يذكرنا بها، ويسترجعها معنا ومن يرمز إليها، ومن

يقول لنا اطمئن فلست وحدك الباقي على الود، ولست وحدك من يتذكر اللحظات الجميلة، والمواقف الجميلة، ويحن إليها، ويتمنى استرجاعها معك. أحياناً ترفض أشياءَ عظيمةً فاضلةً، على حين تطبع صوراً واضحة لأشياء صغيرةٍ تافهةٍ. تأخذنا الفرحة لنرحل مع أرواحهم بالحب، وجنة اللقاء، فاحتلوا القلب، فكان الحب من أسمى عطاياهم، والتسامح والرقة، من أجل أرواح احتضنتهم بالحب، فشاركونا أحزانًا وأفراحاً، ودمعات وبسمات، كم قضينا تلك الأحاسيس معاً نتفق، ونختلف، نتحادث ونبكي، نُزين الشوق بأرق مشاعرنا، حتى تأتي تلك الغيمة السوداء لتمطرنا سحابة الفراق، كأن الزمان ضاق بنا ويود التخلّص منا، يأتينا ذلك الشبح المخيف، الذي يحمل اسماً

حسام حمدان

دائماً كنت أخشاه أنَّه شبح الرحيل، يأتينا فجأة لينزع روحاً استوطنت فينا ليذيقنا الألم والآه، تاركاً لنا مساحة من الذكرى الدامعة، فيلبس الكون السواد ويعلن الإحساس الحداد. لا تندم على حب عشته، حتى لو صارت ذكرى تؤلمك، فإن كانت الزهور قد جفت وضاع عبيرها، ولم تبق منها غير الأشواك، فلا تنس أنها منحتك عطراً جميلاً أسعدك. نحن نحزن على الذكريات السيّئة لأنها تعيسة، وعلى الذكريات الجميلة لأنَّها رحلت دون عودة. قد تأخذنا الظروف بعيداً، وإلى حيث لا نعلم، وتشغلنا زحمة الحياة، وكل منا يبحث فيها عن الاستقرار والطمأنينة، ولكن رغم هذا وذاك تبقى لكم ذكرى طيبةٌ في النفس، وتبقى الأرواح متعلقة ببعضها. الذكريات مفتاح المستقبل، لا مفتاح الماضي.

أيتها الطيور المسافرة، والمهاجرة، والمحلقة في الفضاء الواسع،

والمرفرفة بجناحيك، احملي على متن هذين الجناحين بعض

الكلمات، كلمات صادقة من ذهب، إلى ذلك الإنسان، إلى ذلك

القريب في البلاد البعيدة، وأخبريه بأنَّ الصدق، والصراحة،

والوفاء بالوعود هي الأساس الحقيقي لبناء الذكريات. إنّ سحر

الذاكرة وعبقريتها أنّها صعبة الإرضاء، متقلبة غير مأمونة

العواقب. الذكريات غالباً ما تحمل بين طياتها الندم: الندم

من عدم الاحتفاظ بالأشياء الجيدة، والندم على عدم القدرة

على تصحيح الأخطاء. الشتاء ذكريات الحب، الخريف ذكريات

الرحيل، أمَّا أنت ذاكرة الحياة.

قصيدة ذكريات تقول فدوى طوقان: أنا وحنيني البعيد إليك

ورائحة الليل والذكريات وأنشودة عبر موج الأثير تبارك

سحر الهوى والحياة وغيبوبة وانتقال بعيد وراء القفار وعبر

الصحاري وكان اللقاء الغريب السعيد طوانا هناك على الشطّ

ليل نديّ الغلائل، شفّ مضيء وأنت بجنبي طفلي الحبيب تنفض

قصة عمر مليء تحدثني عن الحياة الكفاح وخوض الردى وكان

الصدى مثيراً، وكانت هناك جراح .. تلمّست تلك الجراح الغوالي

وشيء بصدري كحسّ الأمومة تلمستها وحنوت عليها بروحي

الرؤوم ونفسي الرحيمة وفي غمرة الحب مرّت يدي بدفق الحنان

ودفء الأمان على رعشات الجبين الندي ووسّدت رأسك قلباً

سخيّ العطاء ولفّ النقاء كلينا .

اصدارات الكاتب حسام حمدان

 حسام حمدان 

الفهرس

الإهداء .... ص ٥

مقدمه .... ص ٧

ثوره .... ص ١٣

خاطره .... ص ١٥

إجمالا .... ص ١٧

عزيز .... ص ١٩

خلطه .... ص ٢١

قطيعه .... ص ٢٣

تواضع ص٢٥

بالحنين وز .... ص ٢٧

تسميه .... ص ٢٩

ببنوره .... ص ٣١

جن .... ص ٣٣

صريح .... ص ٣٥

شبابه .... ص ٣٧

خم .... ص ٣٩

مازال .... ص ٤١

لئيم .... ص ٤٣

لوبس .... ص ٤٥

متي ص٤٧

هبال ....ص ٤٩

ذهاب وإياب .... ص ٥١

خاطره .... ص ٥٣

وصفه .... ص ٥٥

خبيصه .... ص ٥٧

اعتصام .... ص ٥٩

معادله .... ص ٦١

خجل ص٦٣

ما صفقنا .... ص ٦٥

سؤال ص٦٧

علي عينه .... ص ٦٩

اقراء .... ص ٧١

مقص .... ص ٧٣

وسيط .... ص ٧٥

مَهْمَا إِعْتَمَرْ .... ص ٧٧

الامام المبين ص٨١

الحنين لسيره النبي والرسول محمد .... ص ٨٣

اطرش بالزفه .... ص ٨٧

سيره الرسول وصلته .... ص ٩١

بالواحد وحده .... ص ٩٥

سطح زينكو .... ص ٩٧

الدعاء فعل .... ص ١٠١

حنين الجرعوب .... ص ١٠٣

أنظر .... ص ١٠٦

خلق الإنسان عجولا .... ص ١٠٨

عرض .... ص ١١١

أمانه بعنقك .... ص ١١٢

الخاتمه .... ص ١١٣

9 798330 259823